Información legal

© 2023

Autor y editor: M.Eng. Johannes Wild

A94689H39927F

E-Mail: 3dtech@gmx.de

Los datos completos del autor del libro se encuentran en las últimas páginas

Esta obra está protegida por los derechos de autor

Índice

Capítulo 1 | Introducción

¡Muchas gracias por elegir este libro!

<u>Atención:</u> Si no tienes conocimientos previos de "Tinkercad", primero debes trabajar con el libro básico "Tinkercad | Paso a Paso". Encontrarás más información en las últimas páginas de este libro. El funcionamiento general de "Tinkercad" sólo se repite brevemente al principio de este libro.

Si quieres aprender a crear modelos 3D con el programa muy versátil y también <u>gratuito</u> "Tinkercad", ¡este libro es perfecto para ti! Soy ingeniero (M.Eng.) y me gustaría mostrarte de forma sencilla cómo diseñar piezas en "Tinkercad".

En este libro crearemos juntos cuatro grandes modelos, paso a paso. Aprenderás a utilizar las funciones individuales de "Tinkercad" y a construir un modelo 3D con él. Con "Tinkercad" puedes -además de diseñar objetos 3D- diseñar circuitos electrónicos y aprender a programarlos. Sin embargo, este libro trata exclusivamente de la construcción de modelos 3D en "Tinkercad". Si también te interesan la electrónica y la programación, echa un vistazo al libro "Proyectos Arduino con Tinkercad". Puedes encontrar más detalles en las últimas páginas de este libro.

¡Este libro te ofrece una introducción fácil de entender y estructurada de forma intuitiva al diseño en 3D con "Tinkercad"! No importa la edad que tengas, si aún estás en la escuela, si ya eres adulto, si eres estudiante o pensionista. El software es fantástico y lo puede utilizar cualquier grupo de edad.

Tras una breve introducción general a la construcción con "Tinkercad", conoceremos paso a paso y en detalle las grandes posibilidades de "Tinkercad" mediante cuatro proyectos prácticos de ejemplo con innumerables ilustraciones. Este libro básico está especialmente dirigido a todos aquellos que tengan pocos o ningún conocimiento previo en la construcción de modelos 3D con el software "Tinkercad" de "Autodesk".

Capítulo 2 | Manejo del Área CAD de "Tinkercad"

Antes de empezar con los proyectos CAD, en este capítulo encontrarás una breve introducción para el uso del programa "Tinkercad". Si ya has leído mi libro básico "Tinkercad | Paso a Paso", puedes ojear este capítulo o directamente saltártelo. Cualquiera que no tenga conocimientos previos de "Tinkercad" debería trabajar en este capítulo. Este capítulo también te resultará útil si hace tiempo que no diseñas nada en "Tinkercad".

2.1 ¿Qué es "Tinkercad"?

Como ya sabrás, "Tinkercad" es una plataforma online de la empresa "Autodesk" donde puedes realizar proyectos de carácter técnico. El término "Tinkercad" ya contiene la abreviatura CAD, que significa "Computer Aided Design". El software CAD puede utilizarse para crear modelos y objetos en 3D. El término "Tinker" es inglés y significa algo así como juguetear o trastear. Los modelos 3D que puedes crear en "Tinkercad" también se pueden imprimir con una impresora 3D, por ejemplo, para convertirlos en objetos reales. Con "Tinkercad" no sólo puedes construir, sino también diseñar e incluso programar circuitos electrónicos. En este curso, sin embargo, nos ocuparemos exclusivamente de la construcción de modelos 3D.

Como "Tinkercad" es un software en línea, no puedes ni tienes que descargar nada, sino simplemente trabajar en tu navegador de Internet preferido. Todos los proyectos se almacenan en la nube, por lo que puedes acceder a ellos desde cualquier lugar con un ordenador, teléfono móvil o tableta a través de Internet. También hay una función que te permite exportar los modelos 3D en el formato que desees (por ejemplo, "stl" o "obj").

"Tinkercad" puede utilizarse gratuitamente. Los destinatarios de "Tinkercad" son principalmente niños y jóvenes. Sin embargo, en mi opinión, el programa también es muy adecuado para adultos, sobre todo si eres principiante. Precisamente su sencillez ofrece muchas ventajas y un éxito rápido a la hora de crear objetos 3D o circuitos electrónicos.

"Tinkercad" es, al menos en el campo del diseño CAD, un software muy sencillo. Puedes utilizarlo para construir un modelo 3D combinando principalmente formas geométricas como cubo, cilindro, esfera, ... de diferentes maneras para obtener un modelo 3D deseado. Si te interesa la construcción de modelos más avanzados o un software CAD más profesional, te recomiendo que también te ocupes definitivamente de los programas CAD "Fusion 360" o "FreeCAD", que también son gratuitos para usuarios particulares, y de mis cursos correspondientes "Fusion 360 | Paso a Paso" y "FreeCAD | Paso a Paso". Pero para los principiantes, para modelos 3D sencillos y para un aprendizaje sin complicaciones, "Tinkercad" es insuperable. Por tanto, empezaremos ahora con el funcionamiento básico del programa.

2.2 Diseño CAD con "Tinkercad"

Si aún no tienes una cuenta "Tinkercad", puedes crearla fácilmente y de forma gratuita en www.tinkercad.com. Sigue las instrucciones del sitio web.

Antes de empezar a construir un modelo 3D, tenemos que crear un nuevo documento. Lo hacemos en la página de inicio *(flecha 1)* utilizando el botón "+ New" *(flecha 3)* y la selección de "3D Design" *(flecha 4)*. Para ello, debemos estar en la zona izquierda en la pestaña "Designs" *(flecha 2)*.

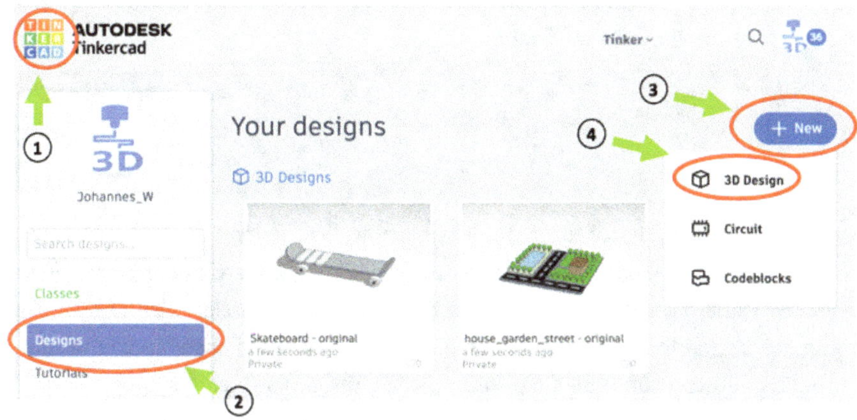

Una vez que hemos creado un nuevo diseño 3D, se abre el espacio de trabajo para crear y modificar objetos 3D.

Puedes construir cualquier modelo 3D en "Tinkercad" con la ayuda de formas básicas 3D ya existentes, las llamadas "Basic Shapes". En esta lección veremos brevemente las formas básicas. Primero veremos el entorno de trabajo y sus funciones. En el capítulo siguiente construiremos juntos y paso a paso cuatro grandes modelos.

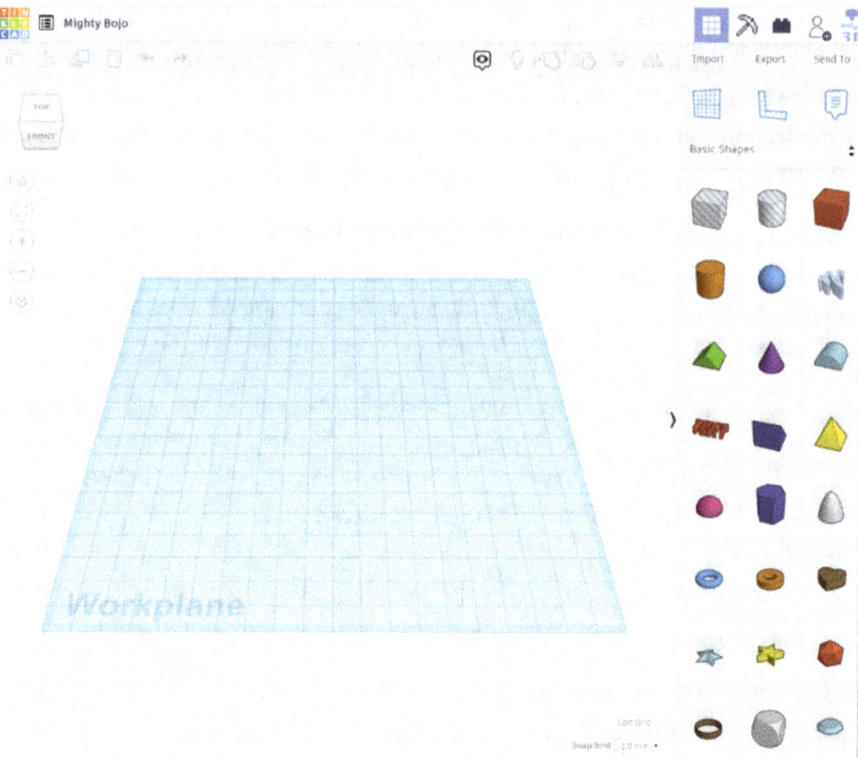

La zona de cuadrícula azul claro etiquetada como "Workplane" es nuestro plano de trabajo sobre el que construimos nuestros modelos 3D. Piensa en él como en una mesa de trabajo en la que colocas los modelos y los modelas. Con la ayuda del ratón del ordenador puedes girar y ampliar este plano. Para hacer zoom utilizamos la rueda del ratón como de costumbre. Para girar el plano en cualquier dirección tenemos que mantener pulsado el botón derecho del ratón y al mismo tiempo hacer un movimiento con el ratón. Si mantenemos pulsada la rueda del ratón y movemos el ratón al mismo tiempo, podemos mover el plano. Si mantenemos pulsado el botón izquierdo del ratón y movemos el ratón, aparece un marco rojo con el que podemos seleccionar uno o varios objetos.

En la zona superior izquierda hay un pequeño cubo con el que puedes girar la vista para adaptarla a tus necesidades. Para ello, simplemente haz clic en el cubo con el ratón, mantén pulsado el botón del ratón y gira el cubo. También puedes hacer clic en una de las caras del cubo, por ejemplo "Top" o "Front", si quieres ver tu objeto desde arriba, desde delante o desde otro lado.

Justo debajo del cubo hay una barra con la que también puedes controlar la orientación de la vista. Haciendo clic en el símbolo de la casita, por ejemplo, puedes cambiar a una vista definida, la "Home view".

Con el símbolo del rectángulo de abajo puedes encajar todos los objetos en una sola vista ("Fit all in View"). Sin embargo, esto sólo es interesante cuando has creado objetos más grandes. Con los símbolos + y - puedes hacer zoom y con el símbolo del cubo puedes cambiar la vista entre las configuraciones "orthographic" y "perspective". La mejor manera de saber exactamente lo que esto significa es probarlo.

Para crear un objeto 3D, trabajamos con los objetos ya existentes que encontramos en la barra lateral de la derecha. Los objetos simples, los encontramos en el menú de selección "Basic Shapes". Para colocar un objeto en el plano de trabajo, lo seleccionamos en la barra lateral y luego lo movemos con el ratón del PC sobre el plano de trabajo azul claro. Con un clic podemos crear el cubo en la posición adecuada para nosotros. Si el menú de selección de la derecha no aparece, está oculto. Con un clic en la pequeña flecha situada en el extremo derecho del centro (rodeada en rojo) podemos volver a mostrarlo.

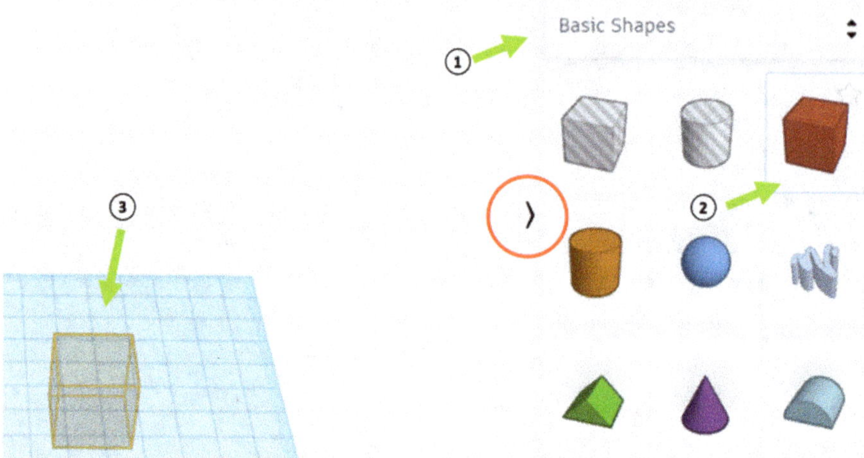

Una vez que hemos colocado el cubo o cualquier otra forma, se abren los ajustes del objeto.

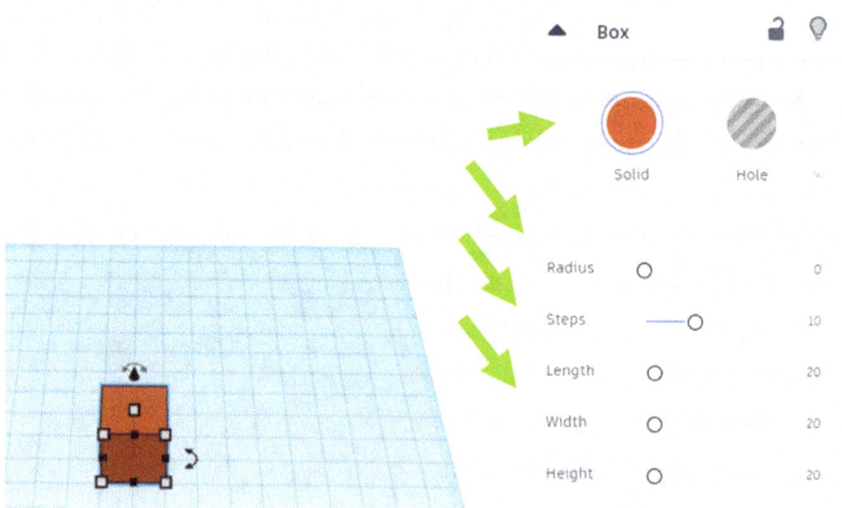

En los ajustes, puedes definir si el objeto es un sólido ("solid") o un objeto recortado ("hole"). Con la configuración "solid" puedes añadir material con la forma del objeto a otro objeto 3D. Con la configuración "hole" puedes eliminar material con la forma del objeto de otro objeto 3D. Qué significa esto exactamente y cómo puedes imaginártelo, lo veremos más adelante en detalle con un ejemplo.

Pero antes continuemos con las demás opciones de ajuste. Por ejemplo, también puedes determinar si los bordes del objeto deben tener un redondeo, es decir, un radio, y qué longitud, anchura y altura debe tener el objeto. Prueba todos los controles una vez. Con el pequeño símbolo del candado que aparece en la zona superior derecha, puedes proteger el objeto para que no se pueda seguir editando haciendo clic en él. Vuelve a hacer clic en él para desbloquear el objeto y editarlo. Con el símbolo de la bombilla puedes ocultar el objeto o volver a mostrarlo.

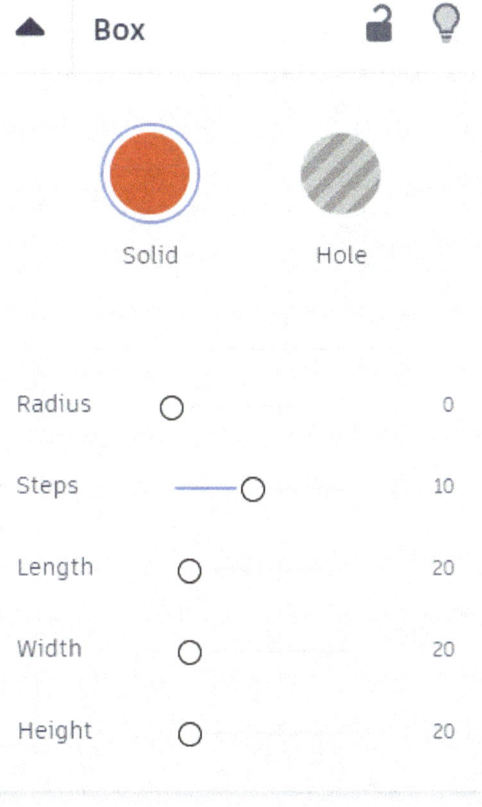

Antes de ver otras formas, echemos un vistazo a las tres herramientas situadas encima del menú de selección.

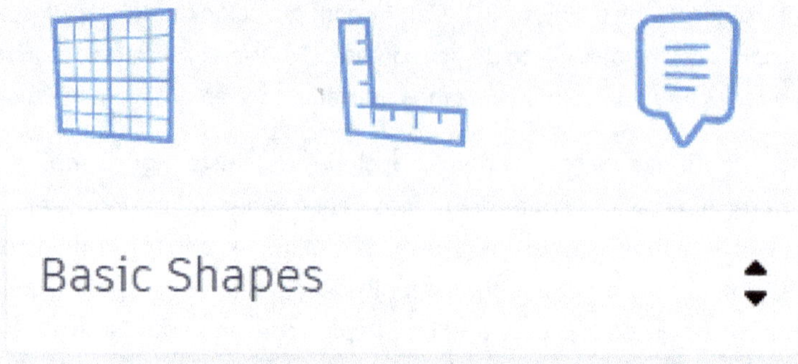

Se trata de la herramienta "Workplane tool" (izquierda), la herramienta "Ruler Tool" (centro) y la herramienta "Notes tool" (derecha).

Puedes crear una nota con la herramienta "Notes tool", pero esto se explica por sí mismo. Simplemente selecciona el comando, haz clic en el plano de trabajo e introduce un texto.

Con la herramienta "Workplane tool" puedes definir la posición del plano de trabajo actual. Basta con hacer clic sobre él y colocarlo, por ejemplo, en la parte superior del cubo.

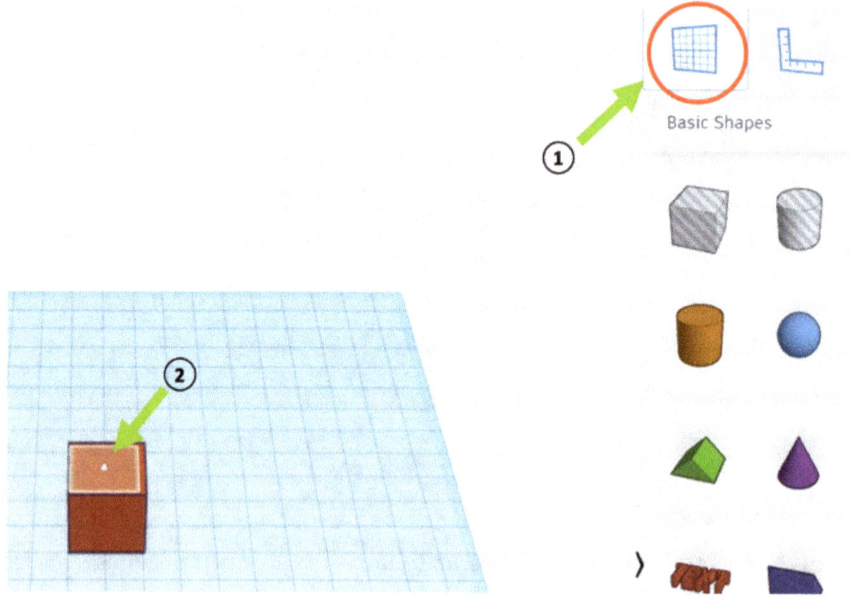

Esto crea un segundo plano de trabajo. El segundo plano es paralelo a la superficie pulsada (superficie del cubo) y está desplazado del primer plano una distancia. En nuestro caso, la distancia al plano de trabajo azul es exactamente la altura de un cubo. ¡Piensa y prueba lo que ocurre cuando haces clic en la superficie lateral del cubo!

¿Por qué necesitas una segunda capa? Para que puedas colocar objetos unos encima de otros. Por ejemplo, podrías colocar otro cubo sobre este segundo plano de trabajo. Para terminar el comando, haz clic de nuevo en el botón "Workplane Tool" y luego simplemente vuelve a hacer clic en el plano azul.

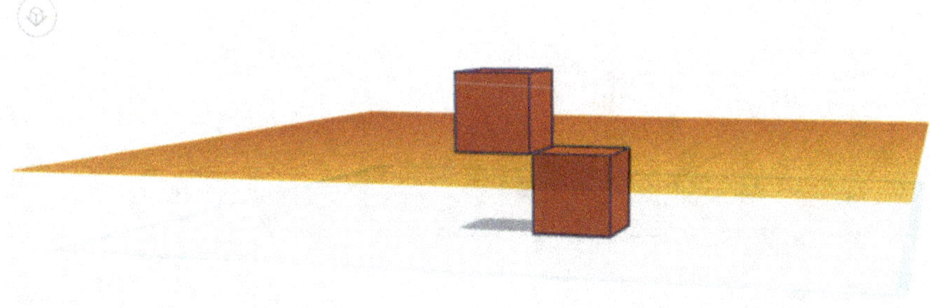

Con la herramienta "Ruler tool" puedes colocar una regla. Primero haz clic en el comando, luego mueve el ratón del PC hasta el plano de trabajo y establece un origen para colocar la herramienta en el plano con un solo clic.

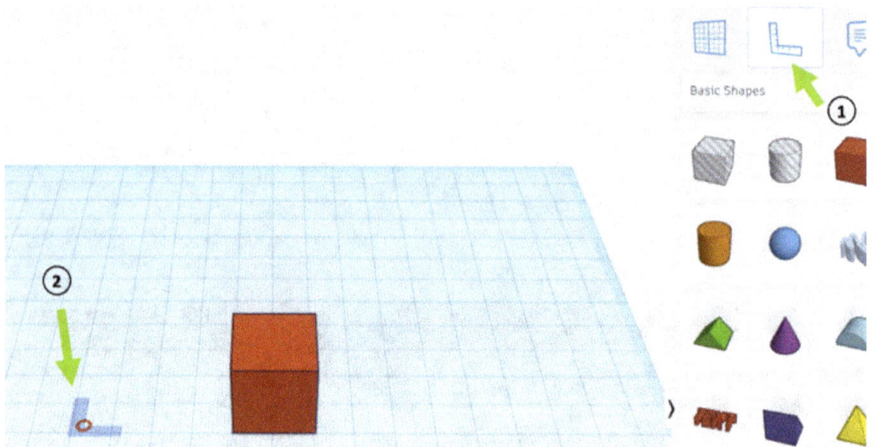

Aparece entonces un sistema de coordenadas con el que se pueden reconocer todas las dimensiones existentes. Para ello, tienes que seleccionar un objeto haciendo clic sobre él.

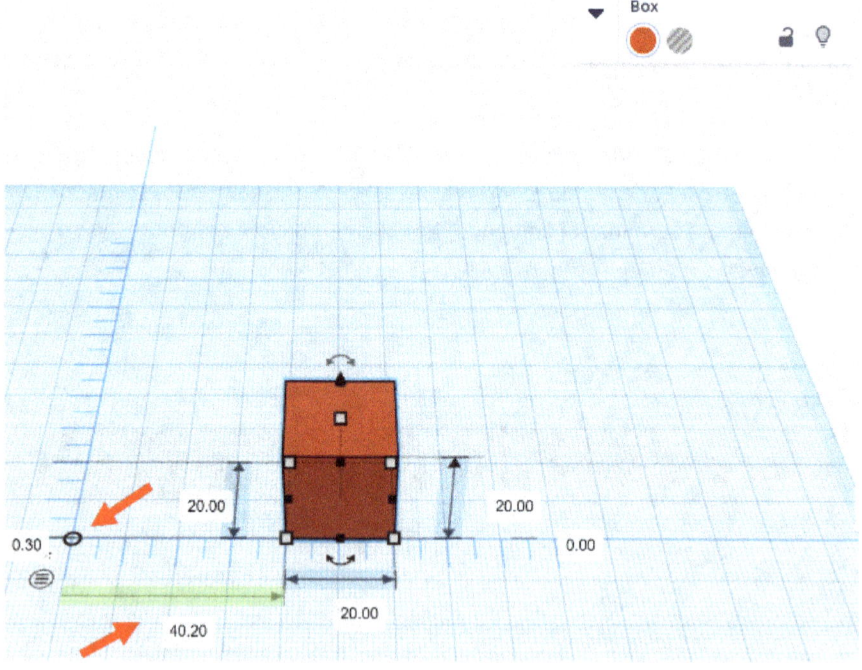

La distancia al origen del sistema de coordenadas es, por ejemplo, 40,2 mm. Además, la longitud de la arista del cubo puede leerse como 20 mm. Haciendo clic en el origen de la herramienta "Ruler tool" puedes reflejarlo. Lo mejor es que lo pruebes. Las medidas aquí están en milímetros. Nota: Conversión de mm a cm: valor en mm * 0,1 = valor en cm.

Si haces clic en el área "Edit Grid" *(flecha 1) en* la zona inferior derecha, puedes realizar los ajustes para el plano de trabajo ("Workplane"). Aquí puedes cambiar las unidades, pero se recomienda dejarlas en la configuración "Millimeters" *(flecha 2)*. También puedes establecer aquí el tamaño del plano de trabajo. Por ejemplo, nuestro plano de trabajo tiene 200 mm de ancho y 200 mm de largo *(flecha 3)*. En "Presets" *(flecha 4)* también puedes adoptar los preajustes de determinados dispositivos, por ejemplo, impresoras 3D. Esto tiene sentido si quieres imprimir el objeto más adelante. De este modo, puedes asegurarte de que el modelo 3D no se construye más grande que la superficie de impresión.

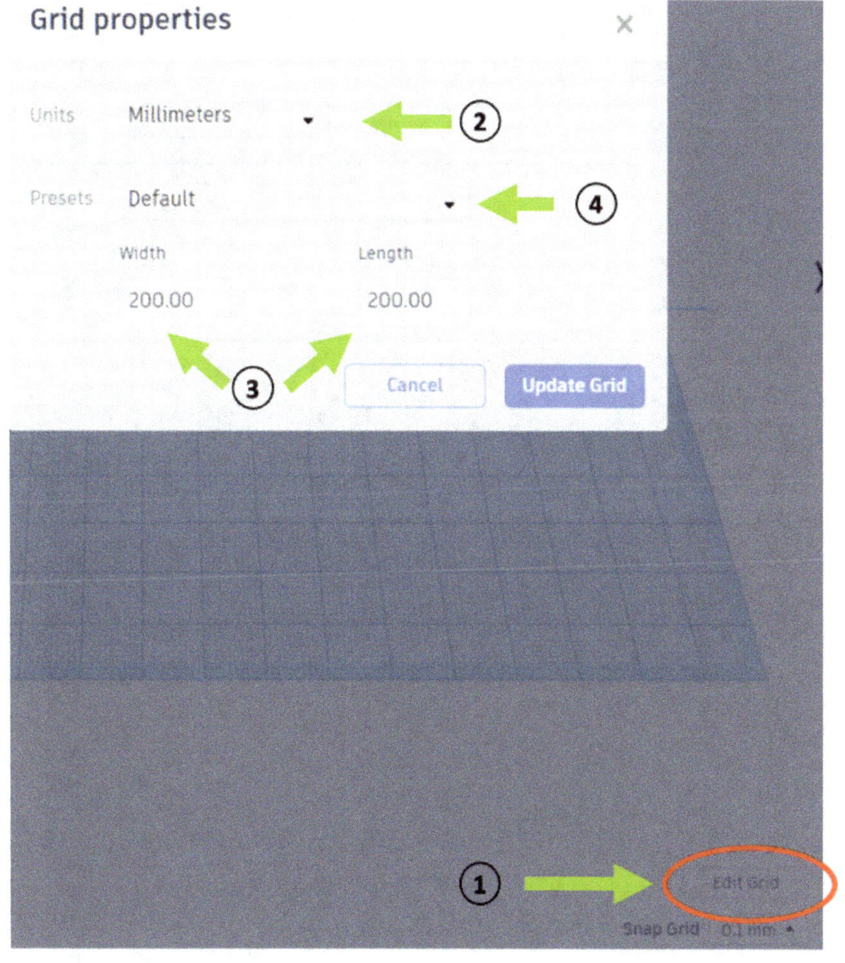

En el menú de selección de "Snap Grid", que se encuentra debajo de "Edit Grid", puedes establecer los pasos en los que deben moverse los objetos en relación con la rejilla del plano de trabajo durante un desplazamiento. Cuanto más bajo se fije este valor, más finamente podrás mover un objeto. En nuestro caso, por ejemplo, podemos desplazarnos a intervalos de 0,1 mm, es decir, exactamente por una de las casillas pequeñas de la cuadrícula. Si queremos movernos completamente desvinculados, también podemos configurar la opción "Off" y entonces ya no estaremos vinculados a las casillas de la cuadrícula.

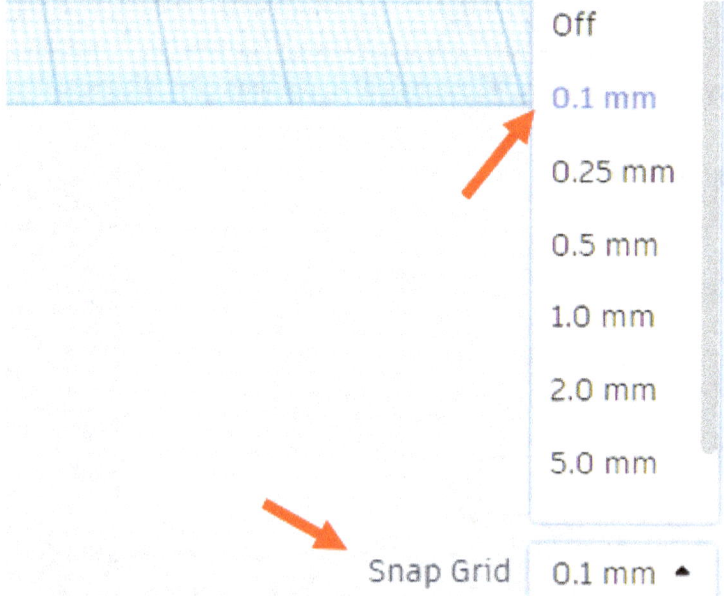

Además de las formas simples como cubo, cilindro, esfera, cono, pirámide, etc., también hay objetos más complejos con los que podemos jugar. Los encontramos en la "Shapes Library", que podemos abrir haciendo clic en el menú de selección.

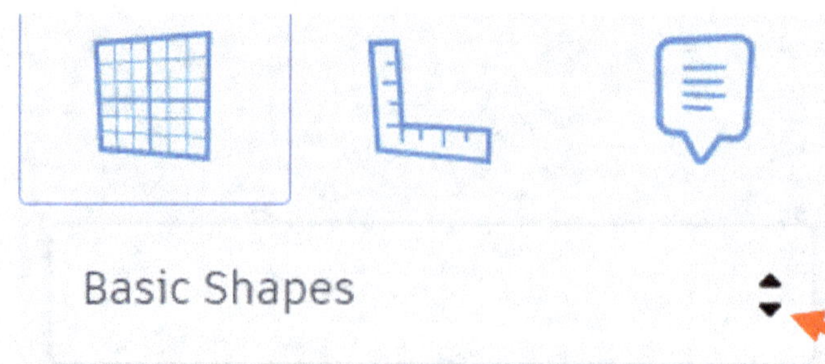

Aquí encontramos en la zona superior el menú para nuestras propias creaciones, así como el menú para los objetos marcados como favoritos. Además, en la zona inferior, encontramos multitud de otros objetos ordenados por categorías. Lo mejor es hacer clic una vez en todas las categorías y mirar los objetos para saber lo que ya está disponible como modelo 3D.

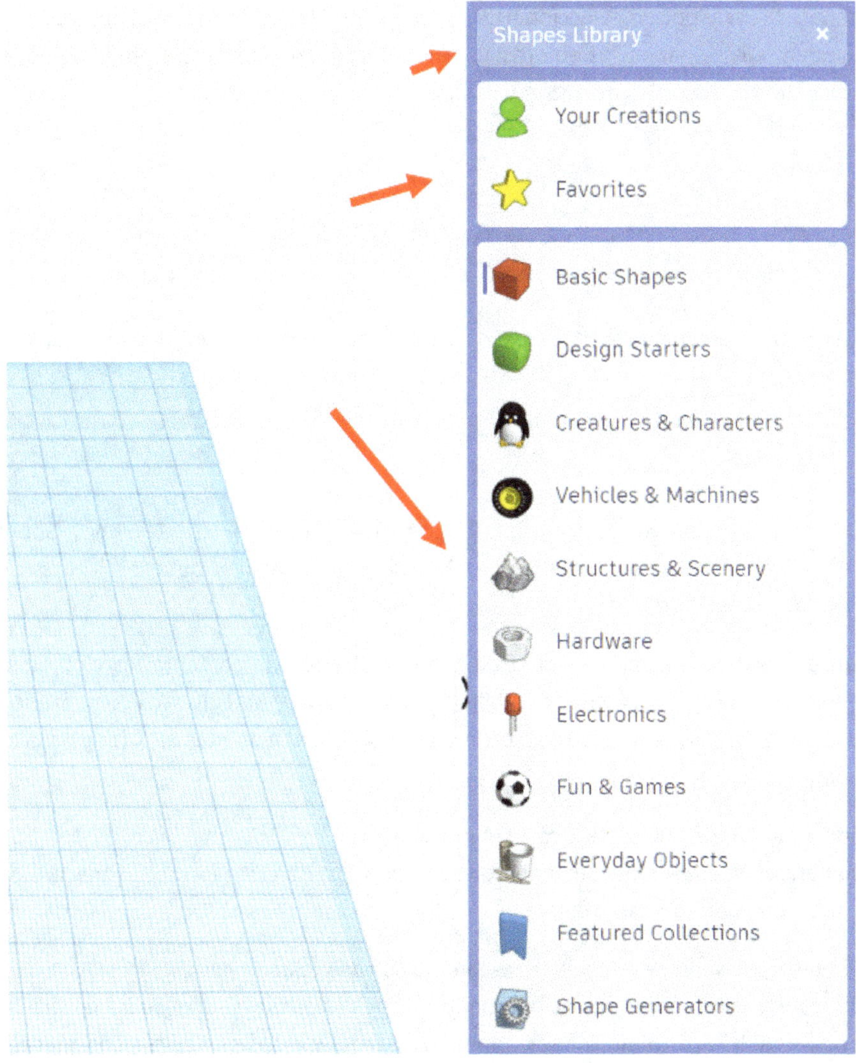

Una característica especial de esta área es la categoría inferior "Shape Generators". En esta categoría puedes crear tus propias formas a partir de objetos existentes, modificándolos.

Ahora nos ocuparemos brevemente de las dos barras de la zona superior y después pasaremos a la construcción de objetos. Permanece atento, pronto crearemos el primer modelo 3D.

A la izquierda de la barra superior hay funciones generales que también se utilizan en otros programas. Éstas son: Copiar, Pegar, Duplicar, Borrar y Deshacer y Rehacer. Para poder seleccionarlas, primero debes seleccionar un objeto. Se pueden seleccionar varios objetos abriendo una ventana de selección rectangular con el botón izquierdo del ratón pulsado.

En la parte derecha de la barra están las funciones que necesitas para trabajar con objetos 3D.

De izquierda a derecha, encontrarás los comandos: "Toggle notes visibility", "Show all", "Group", "Ungroup", "Align" y "Mirror", así como los botones: "Import", "Export" y "Send To".

Los dos primeros comandos controlan la visualización de comentarios y objetos. Con el comando "Toggle notes visibility" puedes mostrar y ocultar los comentarios que pueda haber. Con el símbolo de la bombilla pequeña puedes mostrar y ocultar objetos.

Son muy importantes los dos comandos "Group" y "Ungroup". Con estos dos comandos puedes conectar y desconectar objetos. Son dos funciones esenciales para la construcción en "Tinkercad".

Por ejemplo, veamos el siguiente escenario con dos cubos y dos cilindros. Para uno de los dos cilindros, se seleccionó en los ajustes la opción "solid", para el otro la opción "hole". Las dimensiones no importan aquí y pueden elegirse libremente, sólo la altura de los cilindros debe ser ligeramente superior a la altura de los cubos. A continuación también aprenderemos la diferencia entre las propiedades "solid" y "hole".

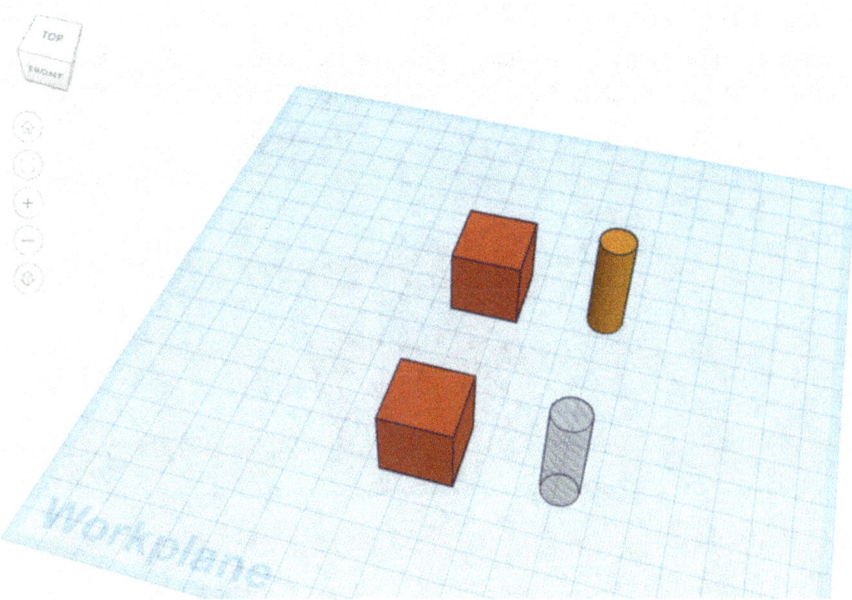

Los dos comandos "Group" y "Ungroup" son ahora muy fáciles de entender. Con el primer comando puedes unir dos o más objetos y con el segundo separarlos. Imagina, por ejemplo, que unes dos objetos. A continuación, queremos unir los objetos entre sí. Para ello, movemos los dos cilindros con el ratón del PC hacia la izquierda en medio de los cubos.

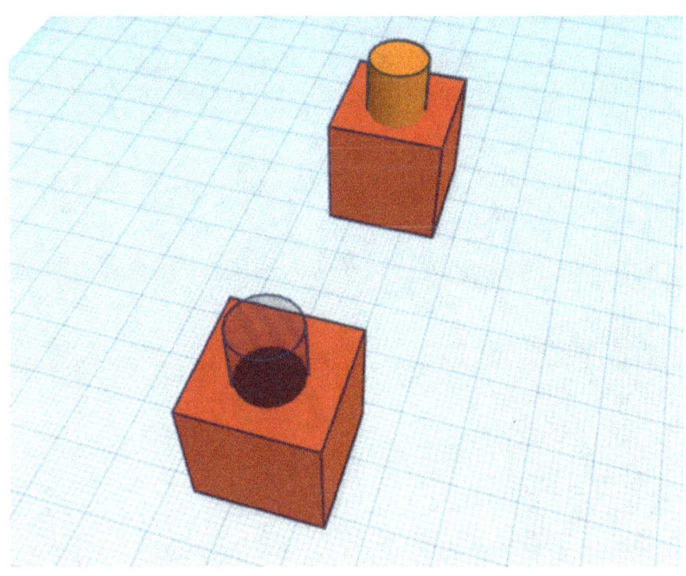

A continuación, seleccionamos los dos objetos frontales, es decir, el cubo y el cilindro con la configuración "hole", y dibujamos un rectángulo con el botón izquierdo del ratón pulsado. De esta forma seleccionamos ambos objetos.

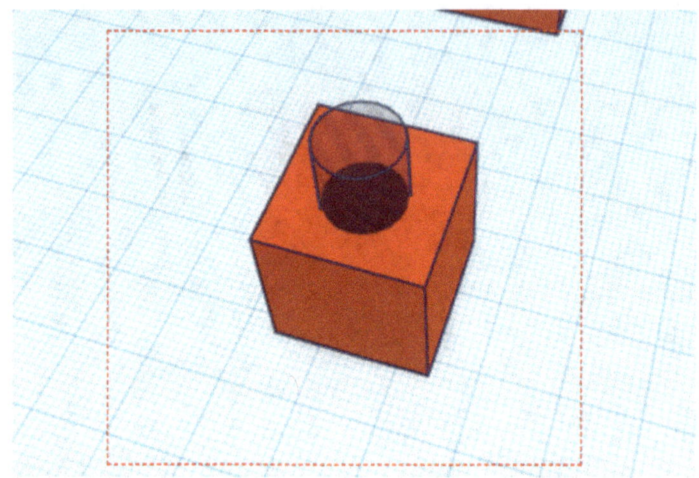

Después, las herramientas de la barra de arriba a la derecha quedan liberadas para editar y podemos seleccionar el comando "Group". Piensa en lo que ocurrirá ahora, quizá lo descubras sin ayuda. Nota: El cilindro es un elemento negativo, sustractivo.

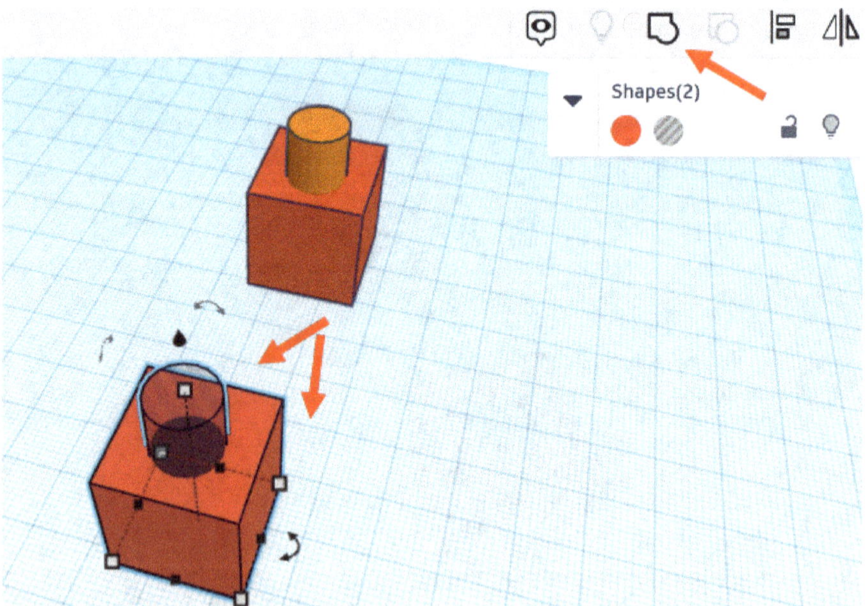

El resultado es el siguiente objeto nuevo:

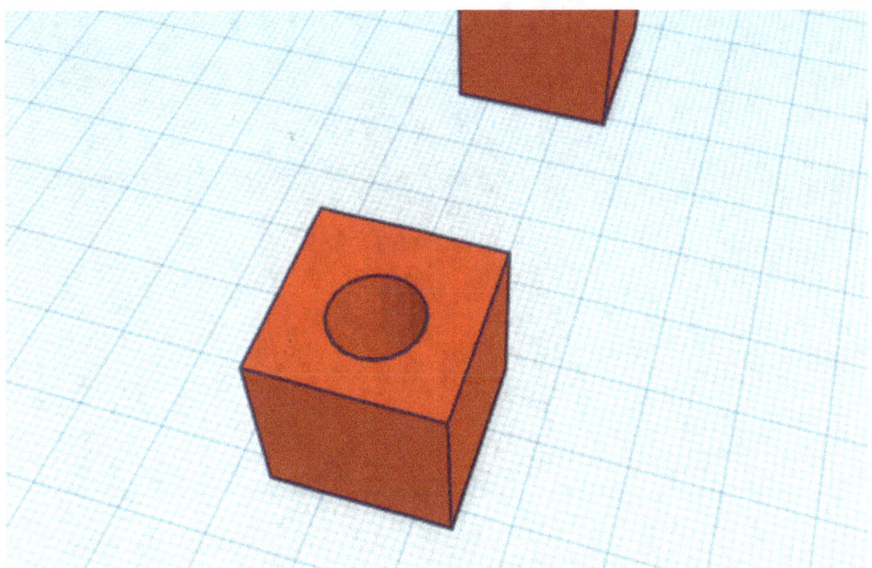

Es un cubo con un agujero en el centro. El agujero se produjo porque sustrajimos el elemento negativo (sustractivo), es decir, el cilindro, del elemento positivo, es decir, el cubo. Muy bien, si ya lo has imaginado así. Si no, no importa, sigue adelante, tu imaginación espacial irá mejorando a medida que avance el libro.

Intenta imaginarlo espacialmente de la siguiente manera: Si quieres hacer un agujero en el mundo analógico, coges una broca que tiene una forma cilíndrica básica y el diámetro del agujero previsto. Cuando taladras el agujero, básicamente no estás haciendo otra cosa que introducir un objeto cilíndrico (broca) en otro componente y crear un agujero con él. La broca es el elemento sustractor, negativo.

¿Qué ocurrirá si agrupamos los otros dos objetos, el cubo y el cilindro, con la configuración "solid"? Por favor, vuelve a pensarlo brevemente y sólo entonces echa un vistazo a la solución.

Nota: El cilindro es un elemento aditivo en este caso. Por cierto, el procedimiento de agrupación mediante el comando "Group" es idéntico al anterior.

El resultado es un cuerpo único y sólido. Los dos objetos se han fusionado.

El color del cilindro también se adapta automáticamente a la carrocería básica, ya que ahora es una carrocería común. Estupendo, si así es como te lo imaginabas.

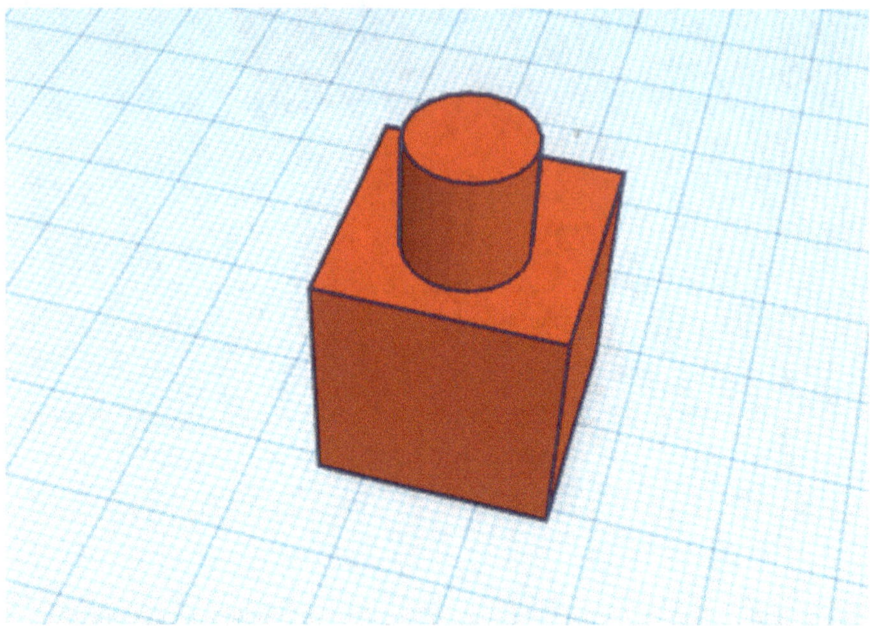

Así que ahora conocemos la diferencia entre los ajustes "solid" y "hole" y ya hemos llegado a conocer el importantísimo comando "Group".

Con el comando "Ungroup" puedes deshacer este proceso de fusión. Para ello, sólo tienes que seleccionar de nuevo los objetos que quieres separar y, a continuación, seleccionar el comando "Ungroup".

También puedes seleccionar varios objetos a la vez. El programa reconoce entonces las afiliaciones por sí mismo.

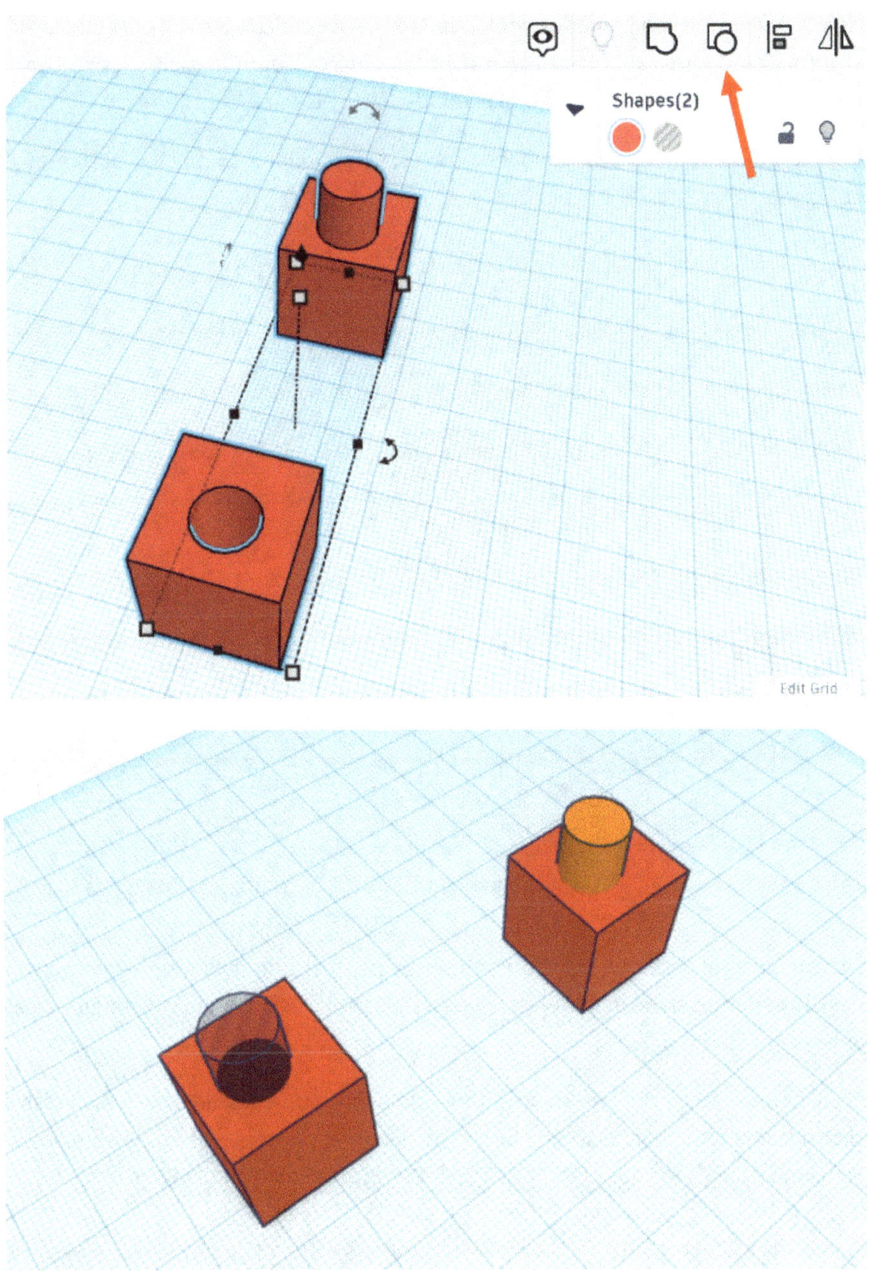

De este modo, los dos procesos de fusión se invierten y volvemos a tener cuatro cuerpos independientes en lugar de sólo dos.

Con la función "Align", puedes controlar la alineación de dos o más objetos entre sí. También podrías simplemente mover los objetos como quisieras, pero con el comando "Align" esto es mucho más rápido, fácil y también más preciso.

Por ejemplo, creamos dos cilindros simples, seleccionamos ambos y pulsamos el comando "Align".

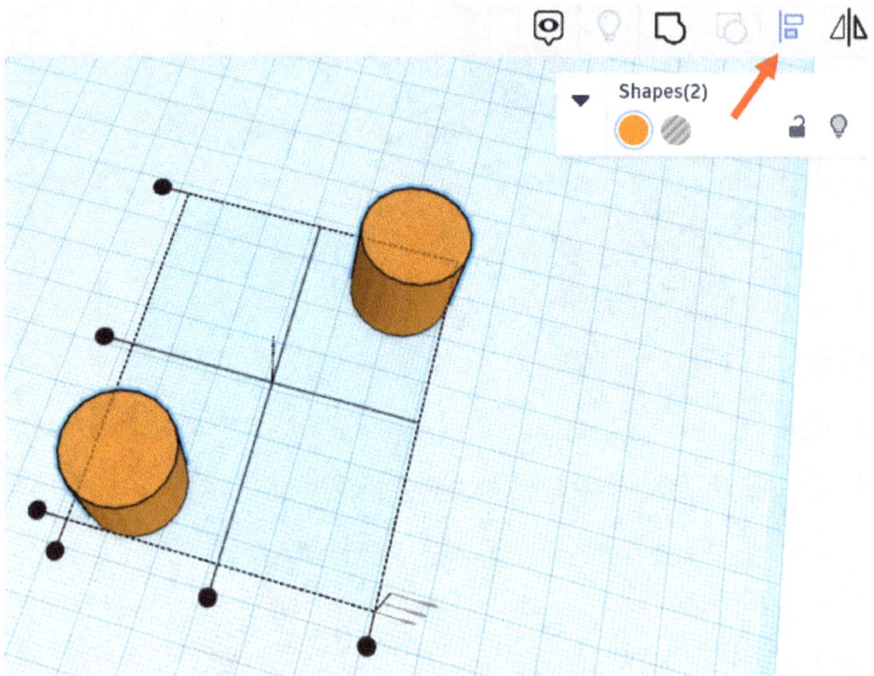

Obtenemos entonces un campo con puntos negros. Con ayuda de estos puntos negros podemos determinar ahora la orientación de los dos cilindros mediante las líneas conectadas a ellos.

Si pasamos el ratón del ordenador sobre uno de los puntos negros, se nos muestra simbólicamente la alineación. Si hacemos clic en el punto, se aplica la alineación. Echa un vistazo a los dos ejemplos siguientes y ¡pruébalo por ti mismo!

Ejemplo a), paso 1: Vista previa antes de pulsar sobre el punto rojo. El cursor del ratón está sobre el punto rojo:

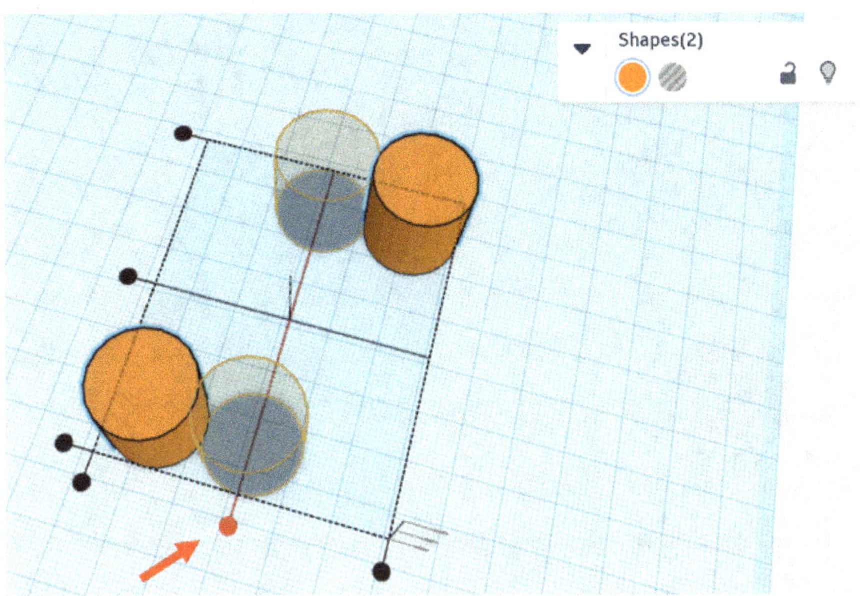

Ejemplo a), paso 2: Resultado tras pulsar sobre el punto rojo. La alineación se ha realizado:

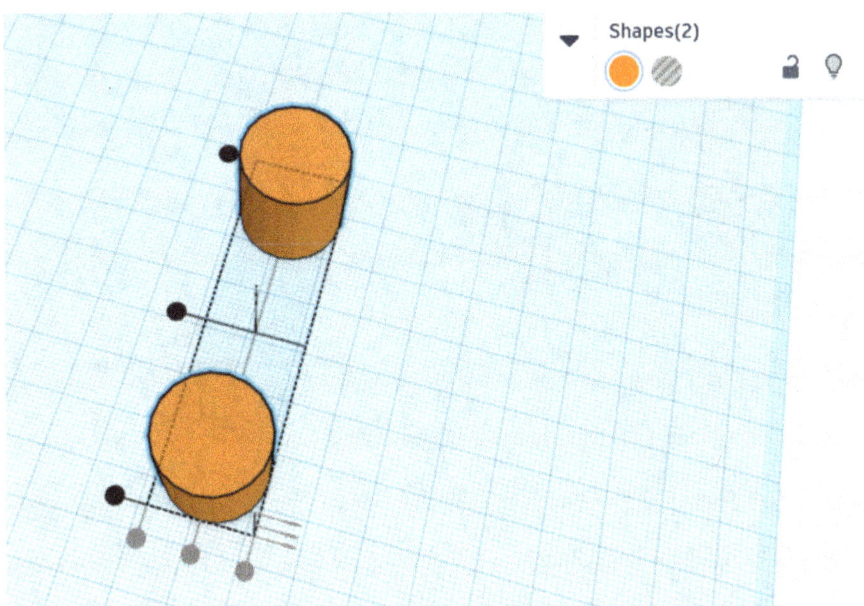

Ejemplo b), paso 1: Vista previa antes de hacer clic. El cursor del ratón está sobre el punto rojo:

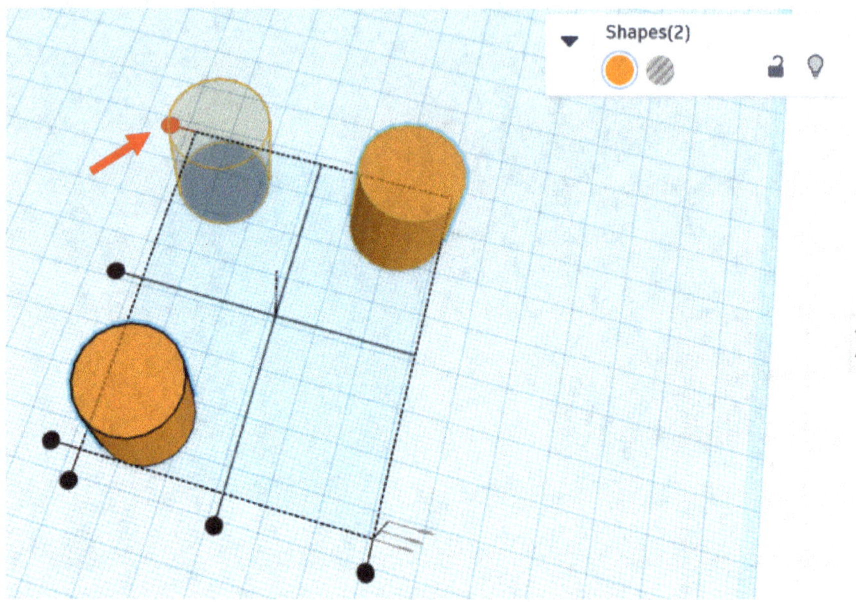

Ejemplo b), paso 2: Resultado tras pulsar sobre el punto rojo. La alineación se ha realizado:

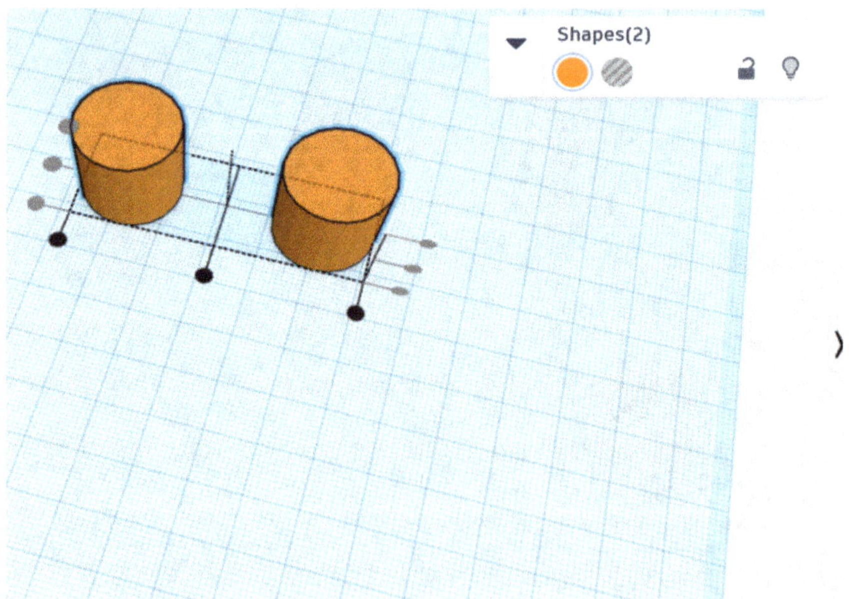

La última función que veremos en este capítulo es la función "Mirror". Con este comando podemos reflejar un objeto, es decir, cambiar la orientación del objeto. Veámoslo utilizando un objeto "TEXT".

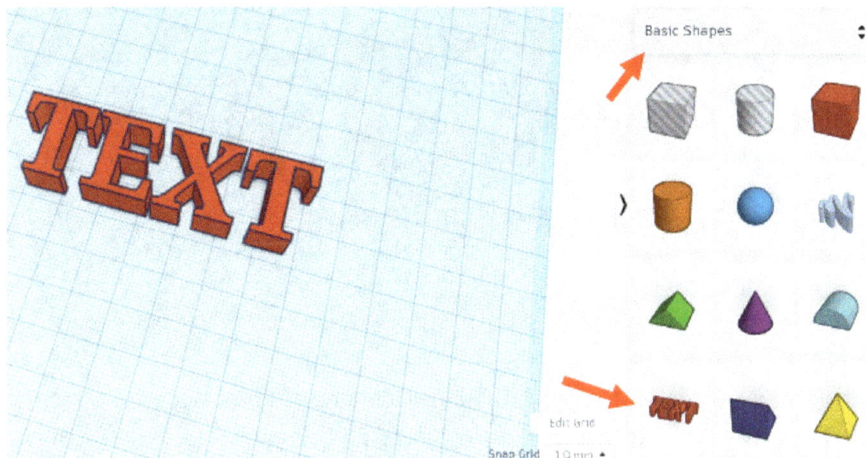

Si primero seleccionamos el cuerpo y luego el comando "Mirror", aparecen tres pequeñas flechas dobles en el objeto 3D.

Dependiendo de cuál de estas flechas pulsemos ahora, el objeto se reflejará en función de las direcciones de la flecha doble respectiva.

Por ejemplo, si elegimos la flecha que está abajo en el centro, obtendremos el siguiente resultado:

Ahora el texto se ha reflejado en la dirección lateral. Prueba con las otras dos flechas y ensaya el comando con otros objetos. Es mejor que pienses de antemano cómo será el resultado para entrenar tu imaginación espacial.

Antes de concluir este capítulo, echemos un breve vistazo a la zona de la esquina superior derecha.

Aquí encontramos las funciones "Import", "Export" y "Send To", así como dos entornos 3D más para elegir en el área superior ("Blocks" y "Bricks"). Con "Import" y "Export" puedes cargar tus propios objetos en el programa o guardarlos desde él. Puedes importar objetos de hasta 25 MB en los formatos de archivo ".stl", ".obj" y ".svg" y guardar tus propias creaciones como ".stl", ".obj" y como ".glb" y ".svg". Estos formatos de archivo pueden procesarse posteriormente para la impresión en 3D (por ejemplo, ".stl") o para una cortadora láser (por ejemplo, ".svg"). Con el botón "Export" también existe la posibilidad de enviar el archivo directamente a una impresora 3D ya conectada. Si también te interesa la impresión 3D, echa un vistazo a mi curso sobre ella. Encontrarás información al respecto en las últimas páginas de este libro. Muy bien, ¡ya dominamos los fundamentos de "3D-Designs" en "Tinkercad"! Ahora podemos ponernos a diseñar los modelos 3D. ¡Vamos allá!

Capítulo 3 | Modelo 3D Proyecto 1: Pinza de ropa

Nuestro primer proyecto juntos en este curso será un modelo 3D de una pinza de la ropa. Debería tener este aspecto y puedes copiar el proyecto en tu cuenta en el siguiente enlace:

https://tinyurl.com/5n6k4uz7

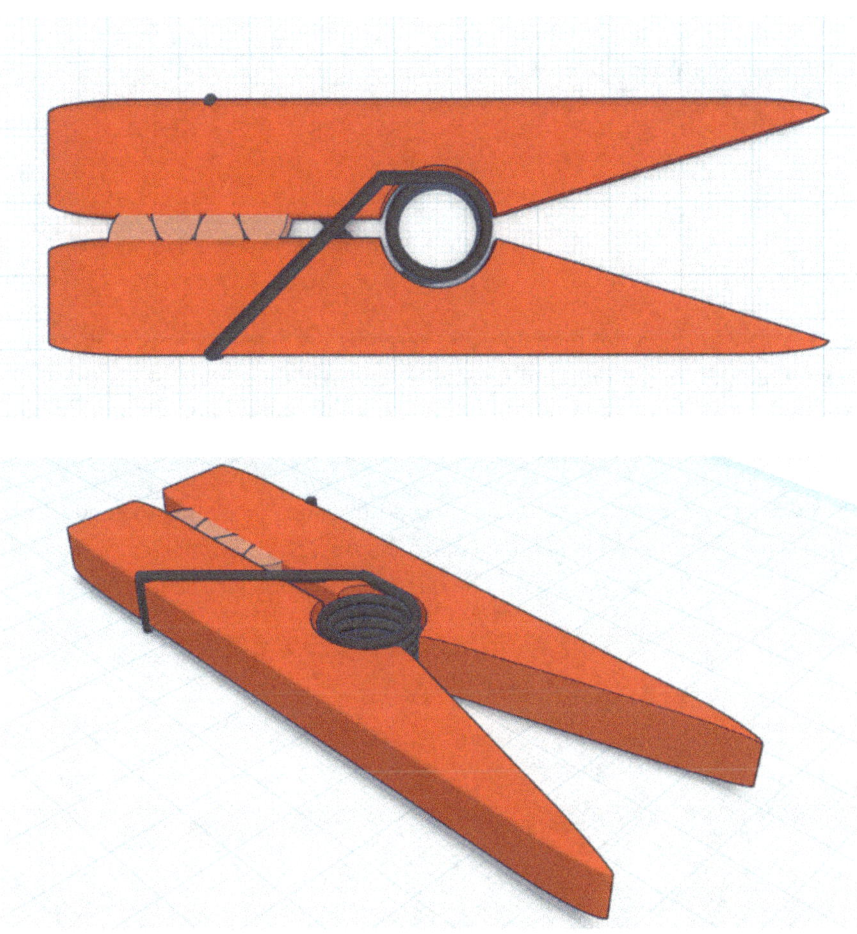

Para ello, primero creamos un nuevo documento en "Tinkercad". Lo hacemos en la página de inicio (primero accedemos a nuestra propia cuenta "Tinkercad") haciendo clic primero en la pestaña "Designs" de la zona izquierda y después en el botón "+ New" de la zona superior derecha y seleccionando después la opción "3D Design".

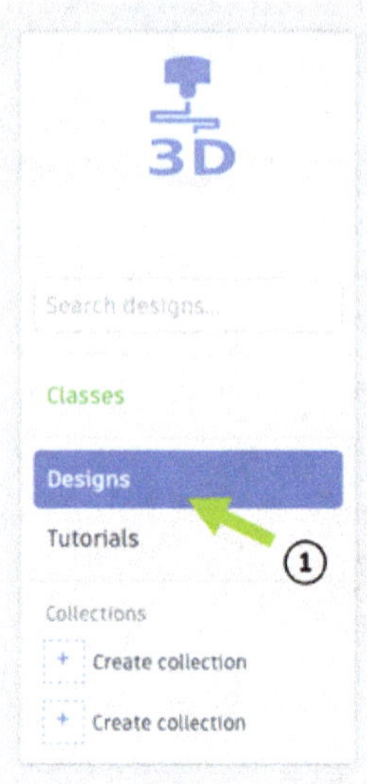

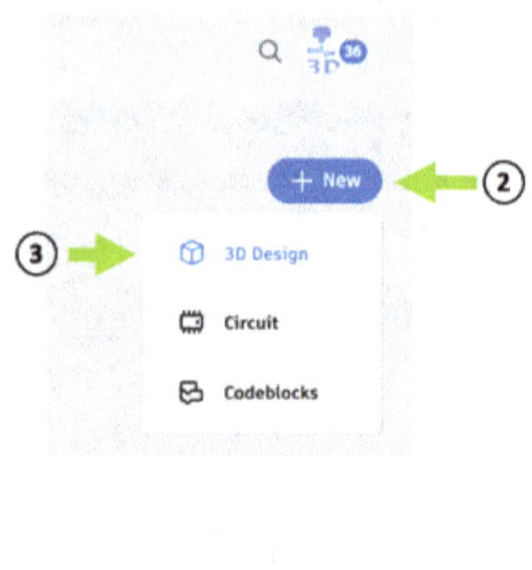

Para la construcción del modelo procederemos del siguiente modo. En primer lugar, creamos los dos cuerpos básicos de la pinza de la ropa. A continuación, añadimos el muelle espiral en la zona central del modelo y, por último, afinamos la forma de la pinza de la ropa.

Para el cuerpo básico de la pinza de la ropa utilizamos un elemento cubo *(flecha 1)*, que encontramos en la sección "Basic Shapes". Lo colocamos en el plano de trabajo *(flecha 2)* y nos aseguramos de que está seleccionado "Solid" *(flecha 3)*.

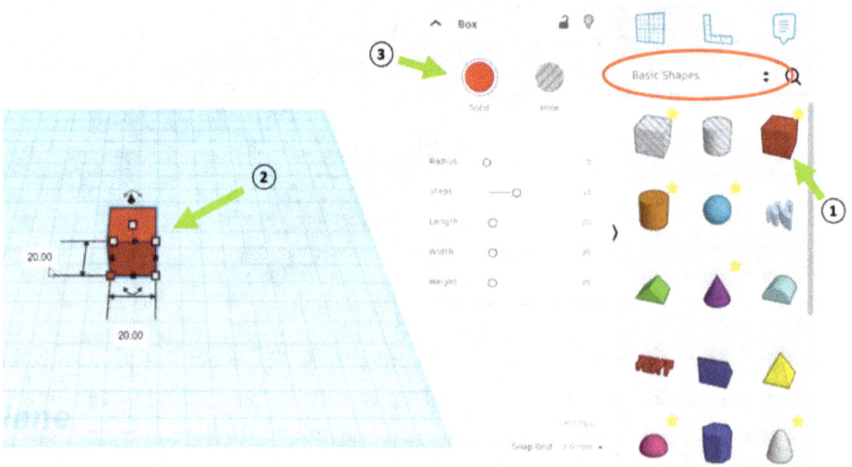

A continuación, cambiamos las dimensiones del cubo para que se convierta en un cuboide oblongo con una longitud de 104 mm y una anchura de 15 mm. También cambiamos la altura del cubo a 8 mm.

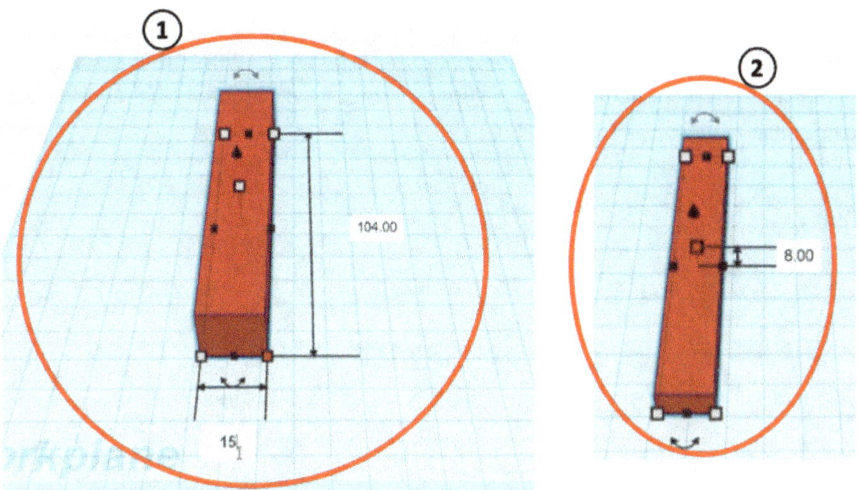

Tras hacer clic de nuevo en el cuboide, podemos ajustar la opción "Steps" *(flecha 1) en* el área de ajustes al valor máximo, que es 20. Con esto determinamos la finura con la que se modela nuestro modelo 3D. También redondeamos el radio de todas las aristas introduciendo el valor 2,3 en el campo "Radius" *(flecha 2)*. También podemos utilizar el deslizador para ambos ajustes.

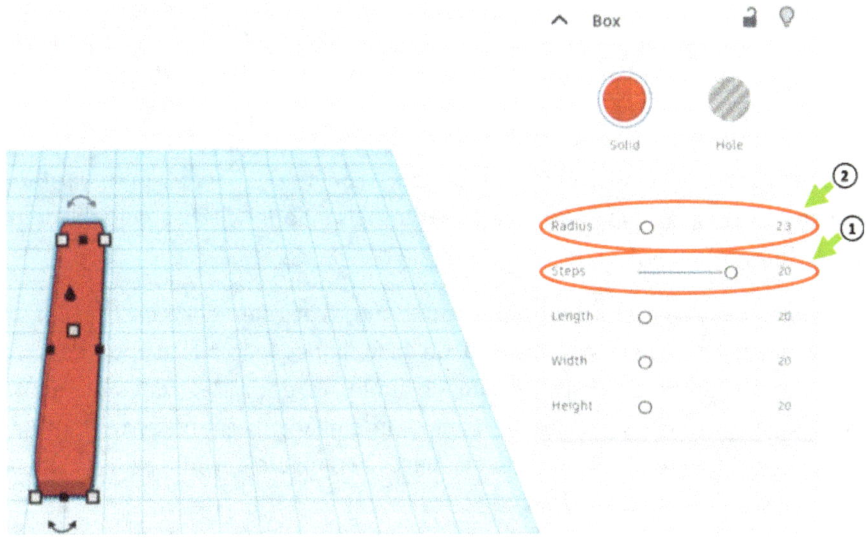

El cuboide creado representa una de las partes laterales de la pinza de la ropa. Ahora podríamos volver a crear la segunda parte lateral siguiendo el mismo procedimiento.

Para hacerlo más fácil y rápido, podemos simplemente duplicar el objeto 3D anterior. Para ello, hay que hacer clic en la pieza y seleccionar el comando "Duplicate and repeat" en la zona superior izquierda. También puedes utilizar la combinación de teclas "CTRL+D".

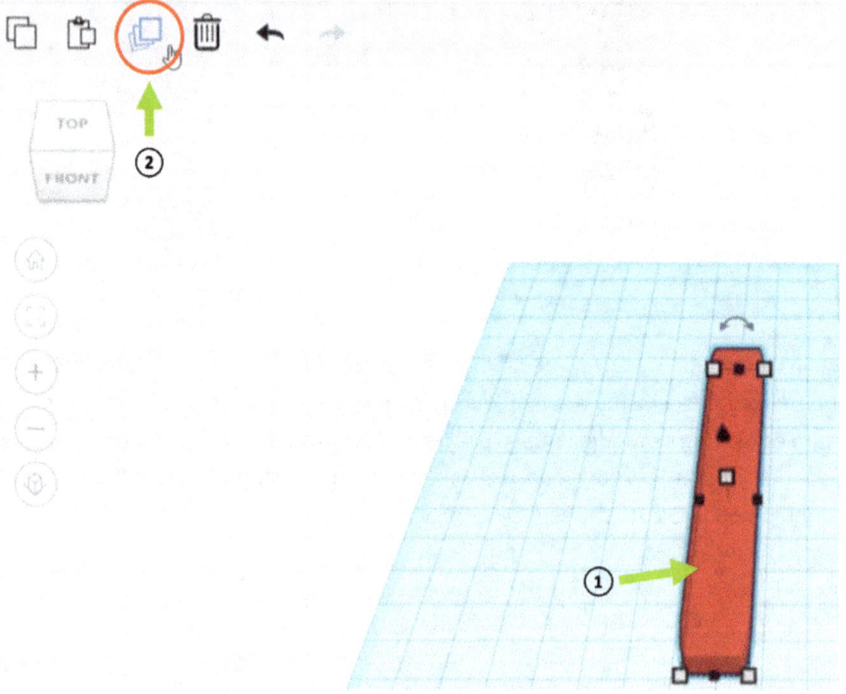

La pieza duplicada se coloca entonces de forma congruente sobre la primera pieza. Podemos mover el duplicado directamente pulsando las flechas del teclado, o moverlo con el ratón.

Movemos la pieza hacia la derecha, de modo que las dos piezas laterales de la pinza de la ropa queden una junto a la otra, dejando un pequeño hueco entre ellas. La anchura del hueco debe ser de unos 3-4 mm. Es decir, 3-4 cuadrados de la cuadrícula para una cuadrícula de 1 mm. Sin embargo, aquí no es tan preciso, también puedes elegir una anchura de hueco ligeramente mayor o menor.

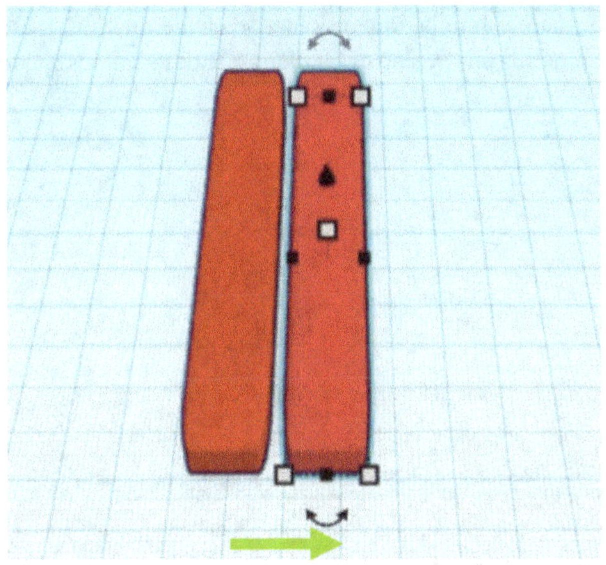

A continuación, creamos un recorte en medio de las dos piezas para poder colocar el muelle. Para ello, colocamos un recorte cilíndrico *(flecha 1)* en nuestro plano de trabajo. Una vez colocado el elemento, se abren los ajustes. Aquí nos aseguramos de que es la opción "Hole" *(flecha 2)* y fijamos el valor máximo en la opción "Sides" -que es 64- *(flecha 3)*. Con esto determinamos la redondez del cilindro. Puedes verlo en el borde superior del cilindro.

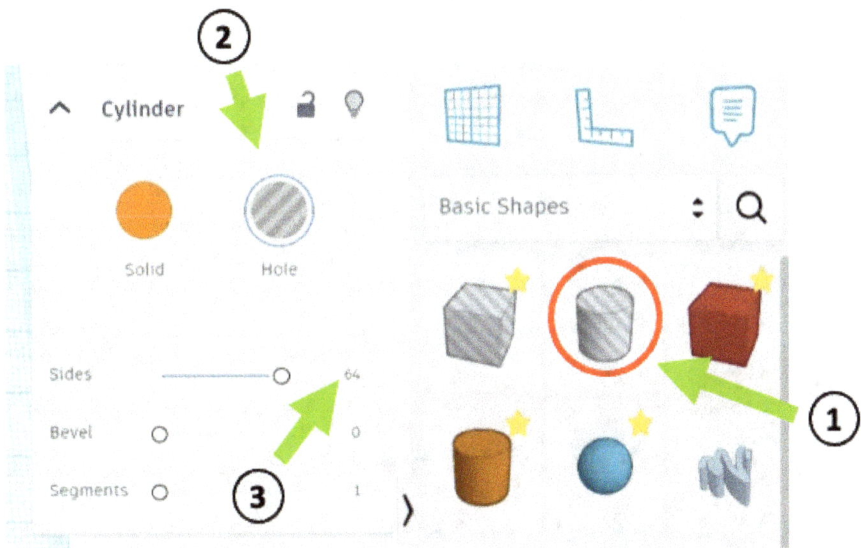

A continuación, cambiamos las dimensiones del elemento cilíndrico que acabamos de crear a 16 mm cada una *(flecha 4), de modo* que obtengamos una forma circular.

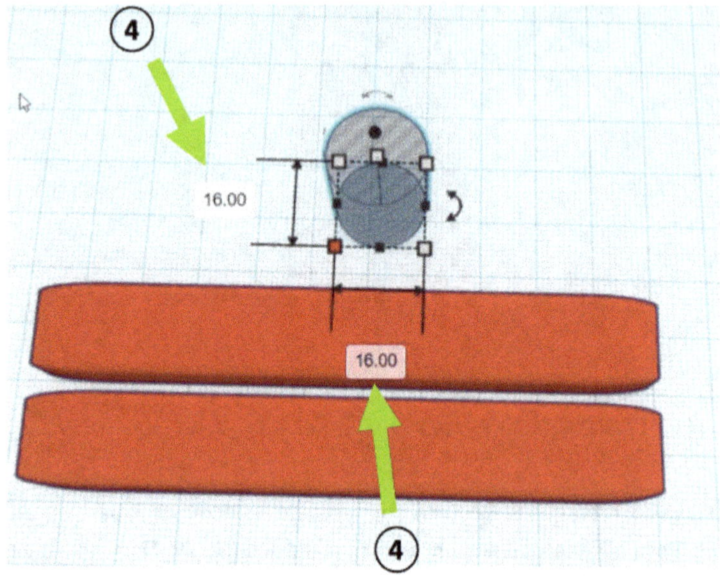

Antes de poder realizar la colocación correcta, primero debemos agrupar los dos elementos básicos del cuboide. Para ello, seleccionamos ambos elementos (mantén pulsada la tecla "SHIFT" para selección múltiple) y luego seleccionamos la función "Group" *(flecha 2)* o pulsamos la combinación de teclas "CTRL+G".

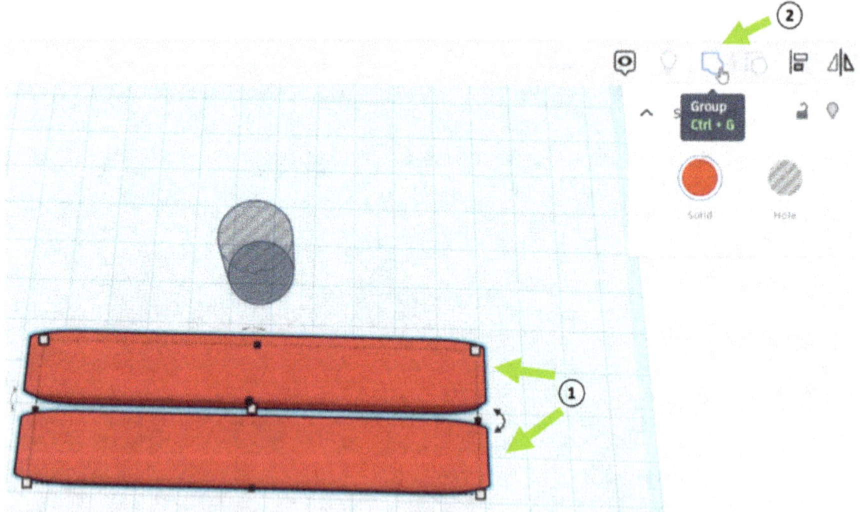

Para una correcta colocación, seleccionamos entonces el elemento que acabamos de agrupar y el elemento cilíndrico (mantén pulsada la tecla "SHIFT" para una selección múltiple) y seleccionamos la función "Align" *(flecha 2)* o pulsamos la tecla "L". Aparecerán entonces puntos negros en las esquinas y laterales del área seleccionada. Aquí seleccionamos el punto central izquierdo *(flecha 3)* para una alineación correcta.

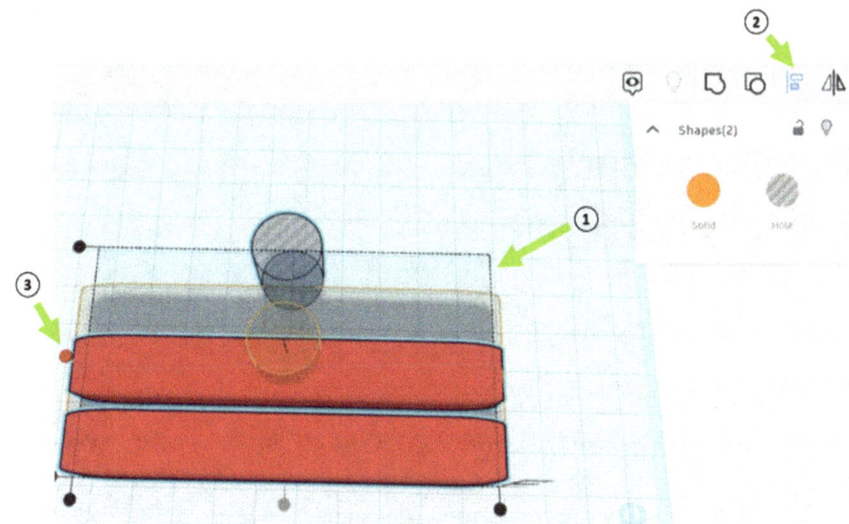

El elemento cilíndrico debe estar entonces -como se muestra- en el centro del área de los dos elementos básicos cuadrados. Si es así, podemos conectar las piezas con ayuda del comando "Group" para que se cree la sección cilíndrica. Las piezas deben seguir seleccionadas o seleccionarse de nuevo. Tras ejecutar el comando, haz clic en el plano.

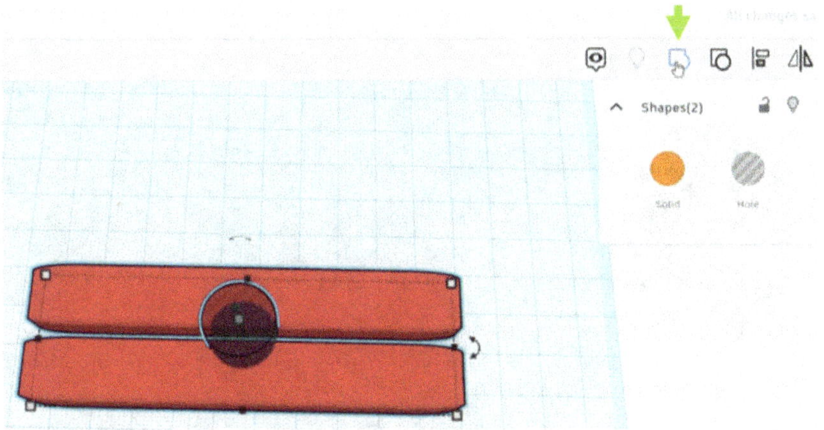

Después nos ocupamos de la creación del muelle espiral. Para ello, utilizamos un elemento geométrico existente que buscamos en la barra lateral derecha con el término de búsqueda "sprial" *(flecha 2)* y colocamos en nuestro plano de trabajo *(flecha 3)*.

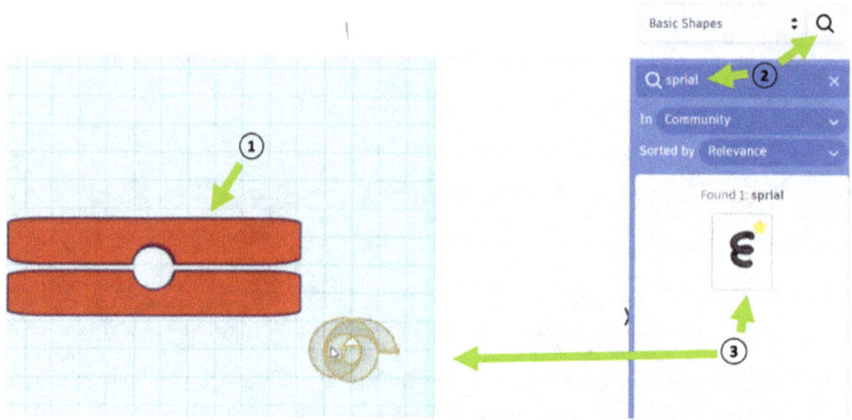

El aspecto del muelle espiral aún no se ajusta del todo a nuestra pinza de la ropa. Por eso cambiamos el radio "R1" en los ajustes por el valor "1" *(flecha 1)*. Para abrir los ajustes, sólo tienes que seleccionar la pieza y hacer clic en la flecha pequeña. Este valor determina el grosor del material del muelle. En la opción "Offset" *(flecha 2)* introducimos el valor 0,1, que define la distancia entre las espiras. En la opción "Rotations" *(flecha 3)* seleccionamos el valor 5, que define el número de espiras.

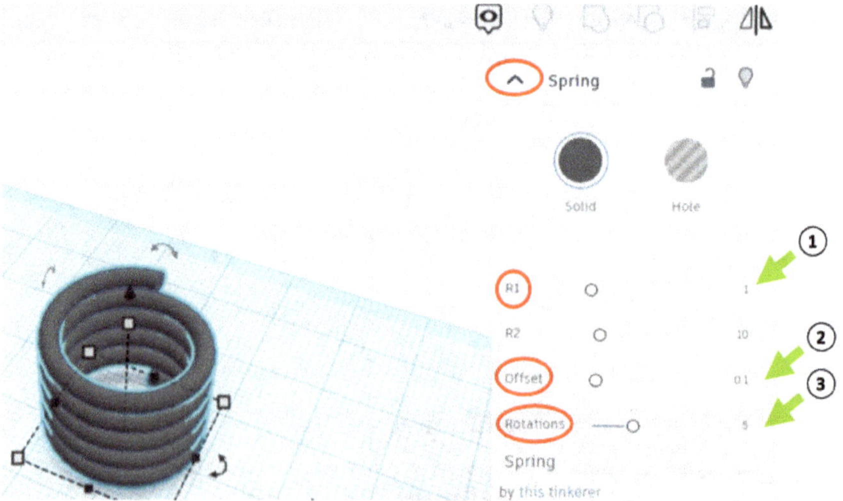

A continuación, cambiamos el diámetro del muelle espiral haciendo clic sobre él e introduciendo 14 mm cada uno.

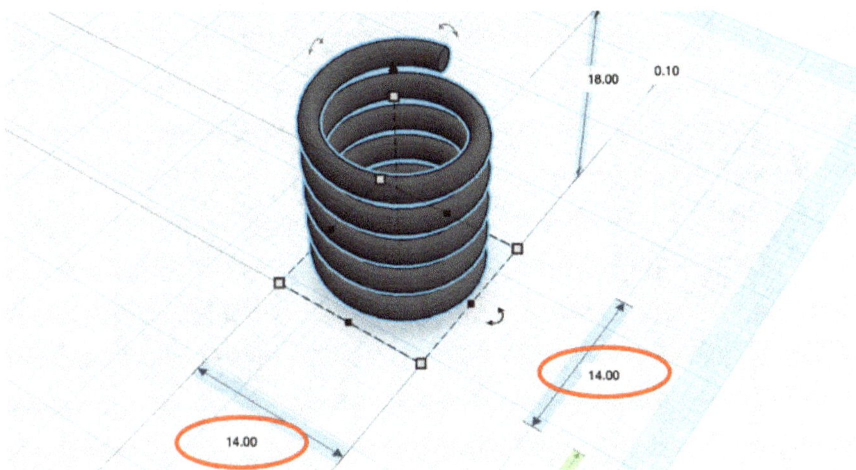

Ahora nos ocupamos de alinear correctamente el muelle espiral. Para ello, lo espejamos con la función "Mirror" *(flecha 1)*. Tras hacer clic en la función, aparecen tres flechas dobles, de las que seleccionamos la marcada *(flecha 2)*.

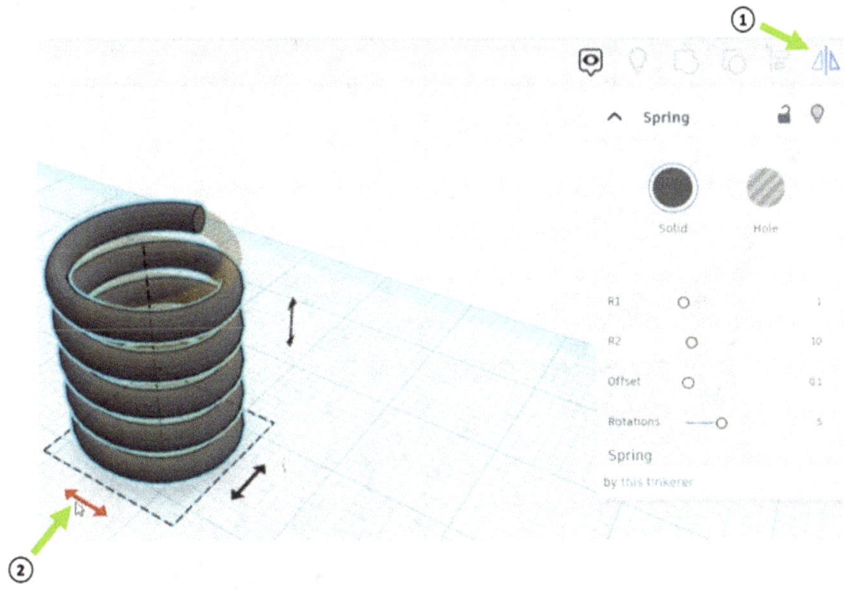

Además, aún tenemos que girar la pluma. Para ello, primero debemos hacer clic en el plano de trabajo después del proceso de reflejado y, a continuación, volver a seleccionar la pieza. Aparecen entonces unas pequeñas flechas dobles curvadas con las que podemos girar la pieza *(flecha 1)*. Giramos la pieza -112,5°, con sentido de giro contrario a las agujas del reloj (flecha *2)*.

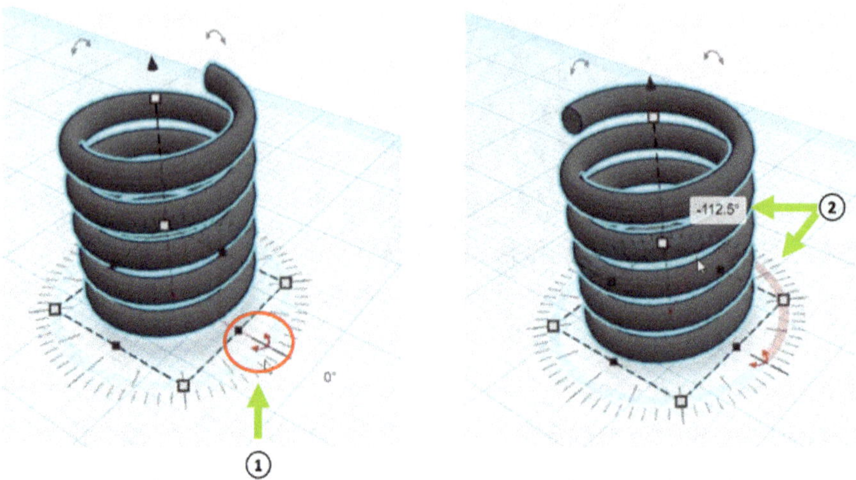

Ahora casi hemos terminado de trabajar en el cuerpo básico del muelle espiral. Sin embargo, antes de colocarlo en la pinza de la ropa, recortamos una pieza en la zona inferior del muelle espiral para que la pieza final inferior termine en la posición que deseamos. Para ello, utilizamos como recorte el elemento cúbico, que primero colocamos junto al muelle espiral y dimensionamos con 14 mm de longitud y 7 mm de anchura. Cambiamos la altura a 2,5 mm.

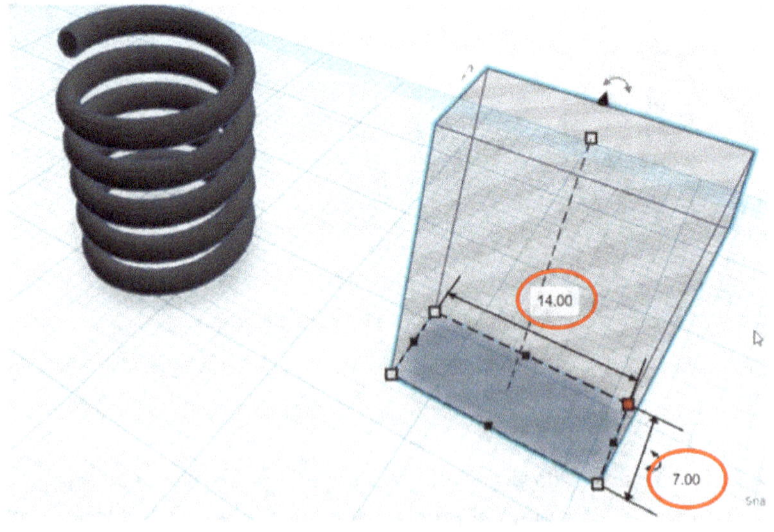

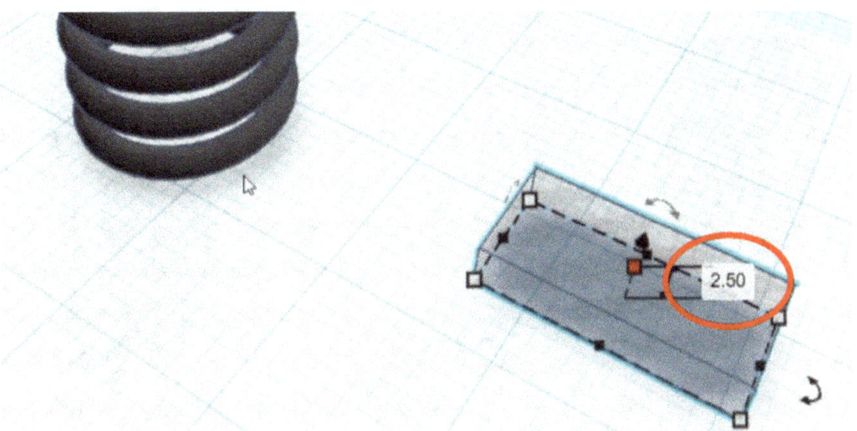

Colocamos el elemento rectangular en la parte inferior del muelle espiral seleccionando ambas partes *(flecha 1)* y haciendo clic en la función "Align" *(flecha 2)*.

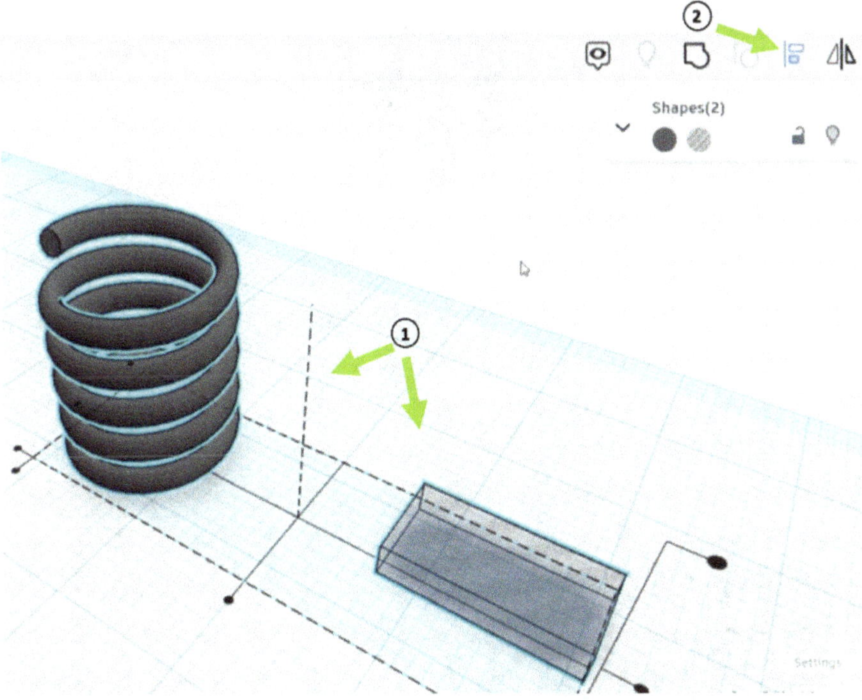

A continuación, seleccionamos primero el punto de alineación central *(flecha 1)* y, después, aún el punto de alineación izquierdo *(flecha 2)*.

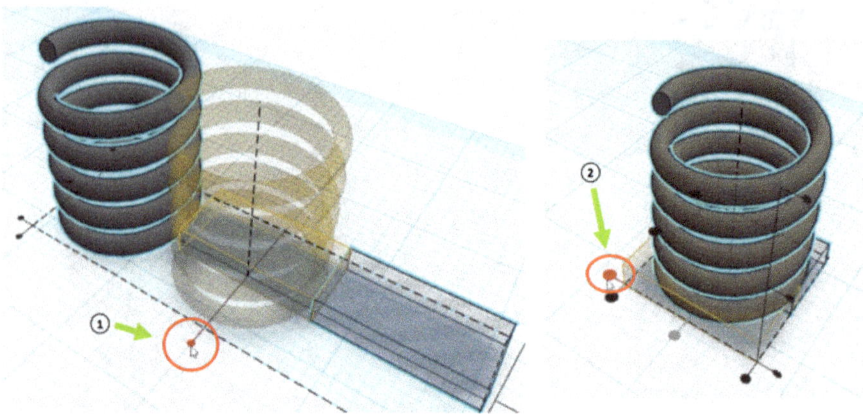

A continuación, cambiamos la altura del muelle espiral a 10,9 mm y lo agrupamos con el cuboide para que se realice el recorte.

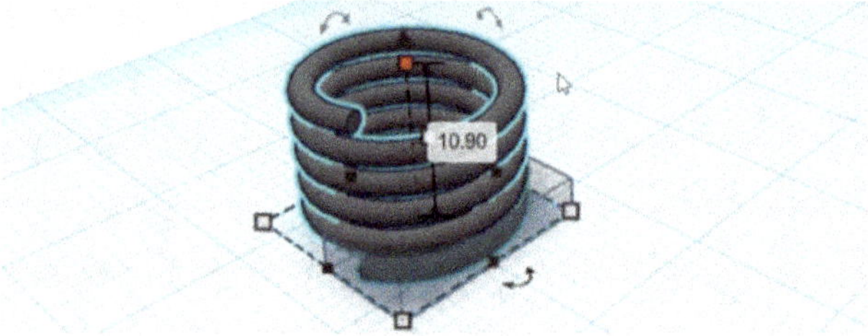

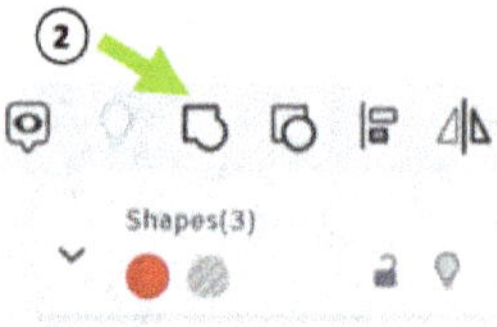

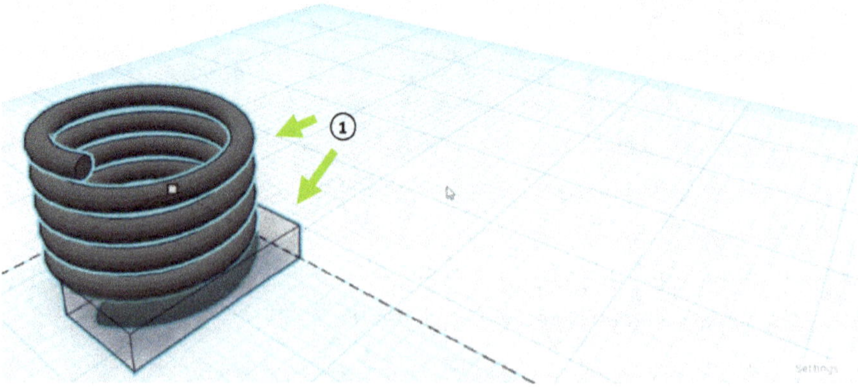

Ahora podemos mover el muelle espiral aproximadamente a la zona central de la pinza de la ropa y luego colocarlo correctamente con el comando "Align". Para ello, seleccionamos todos los elementos *(flecha 1)*, luego hacemos clic en el comando *(flecha 2)* y a continuación, a su vez, en los respectivos puntos centrales de alineación *(flechas 3, 4 y 5)*. Ahora el muelle espiral está colocado exactamente en el centro.

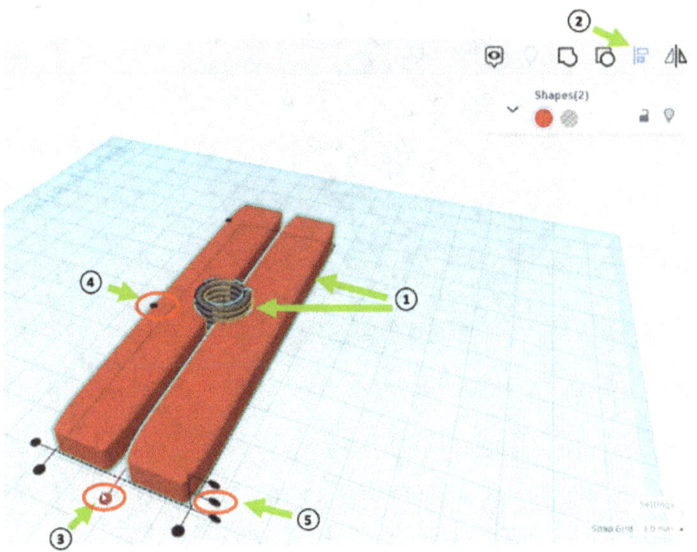

En los pasos siguientes queremos completar el muelle espiral. Para ello, primero necesitamos un elemento cilíndrico negro, que colocamos junto a la pinza de la ropa y coloreamos de negro. Además, aumentamos el valor de la opción "Sides" en los ajustes hasta el valor máximo, es decir, 64.

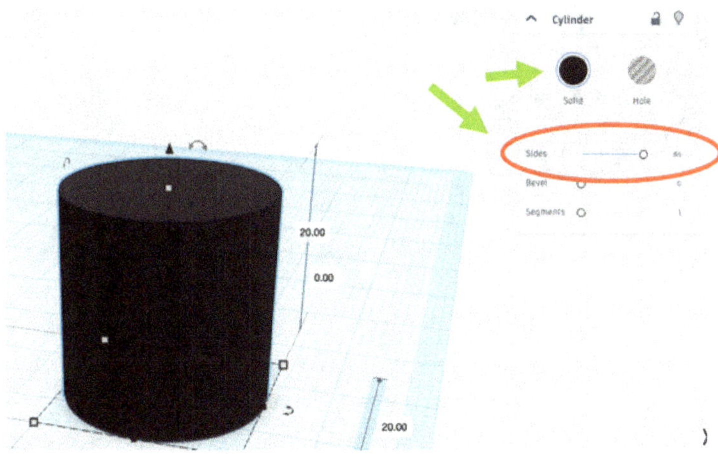

Antes de cambiar las dimensiones, giramos el elemento cilíndrico 90 grados, como se muestra.

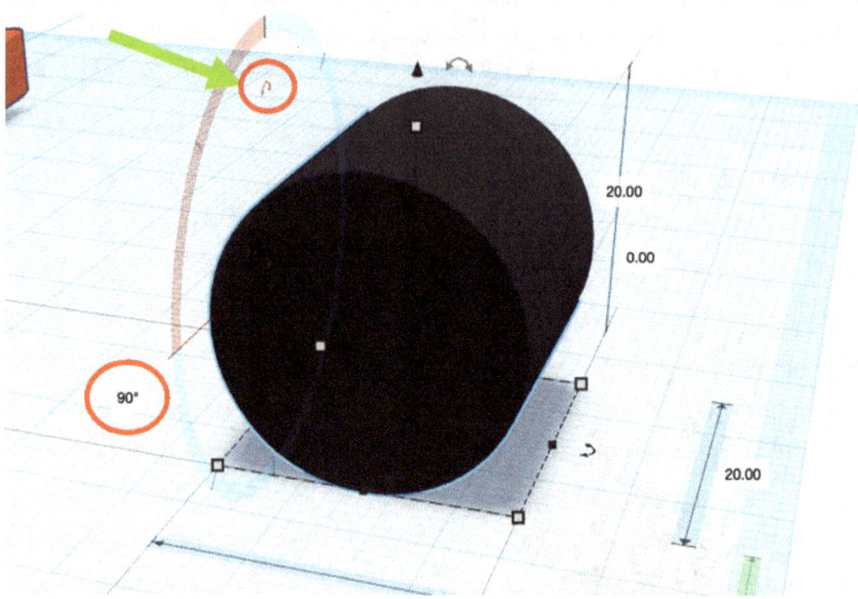

A continuación, cambiamos la altura del cilindro a 1,24 mm *(flecha 1)* y la anchura a 1,45 mm *(flecha 2)*. Dejamos de momento la longitud en 20 mm.

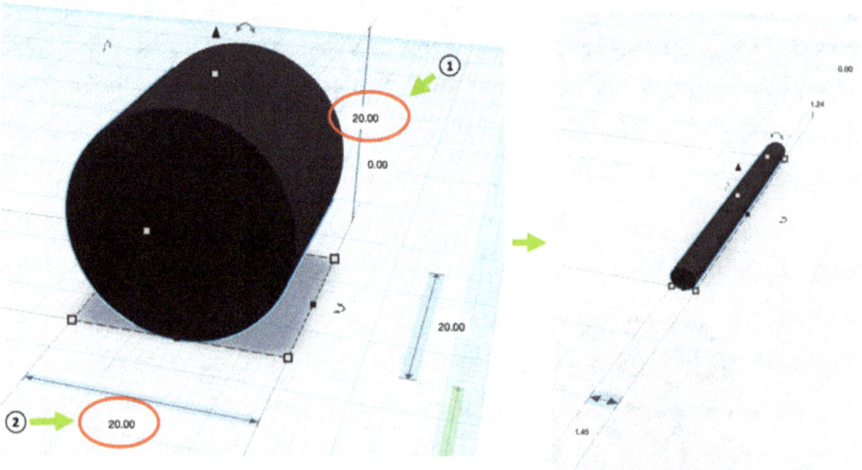

Ahora queremos añadir este elemento al extremo superior del muelle espiral. Una vez seleccionados el muelle espiral y la pieza cilíndrica *(flecha 1)*, volvemos a utilizar el comando "Align" *(flecha 2)*. Además, debemos volver a hacer clic en el muelle espiral (flecha 2*) para que* se muestren los puntos de alineación correctos.

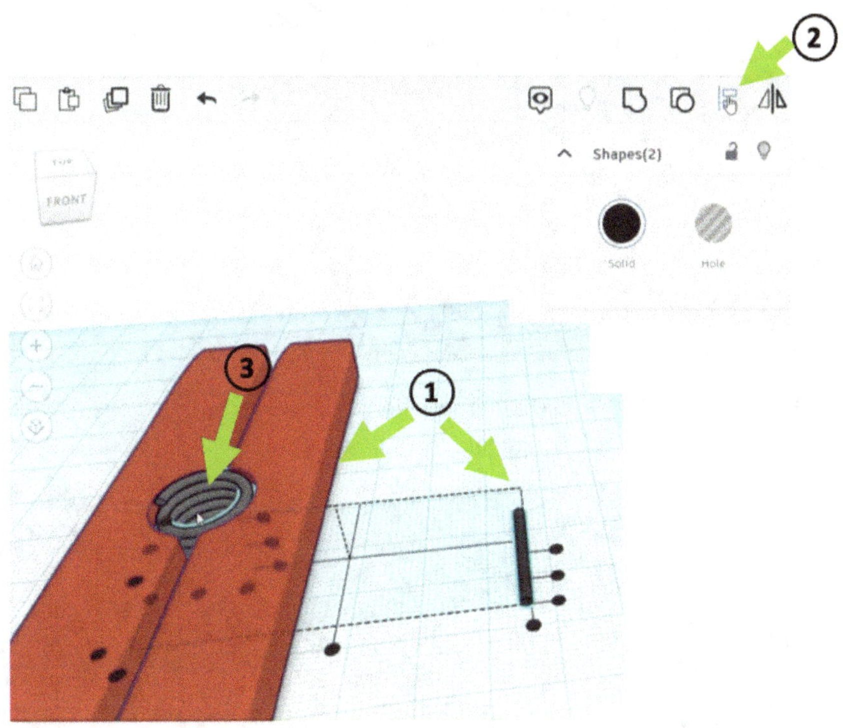

Ahora sólo tenemos que hacer clic sucesivamente en tres de los puntos de alineación *(flechas 1, 2 y 3)*. El elemento cilíndrico se moverá y acabará en la posición mostrada.

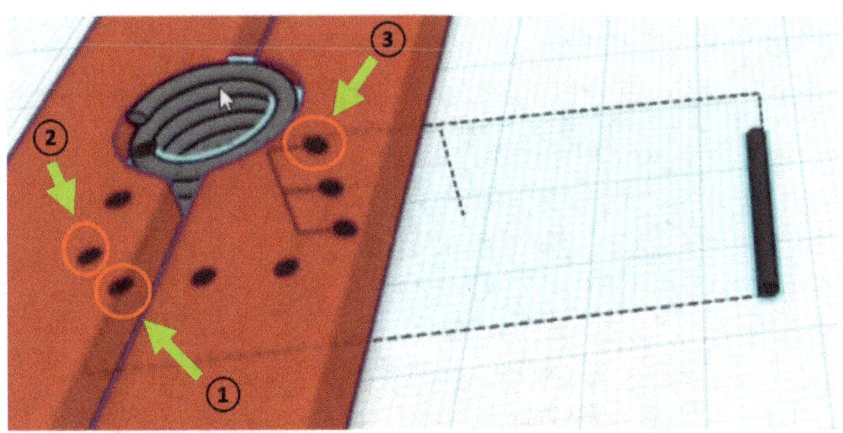

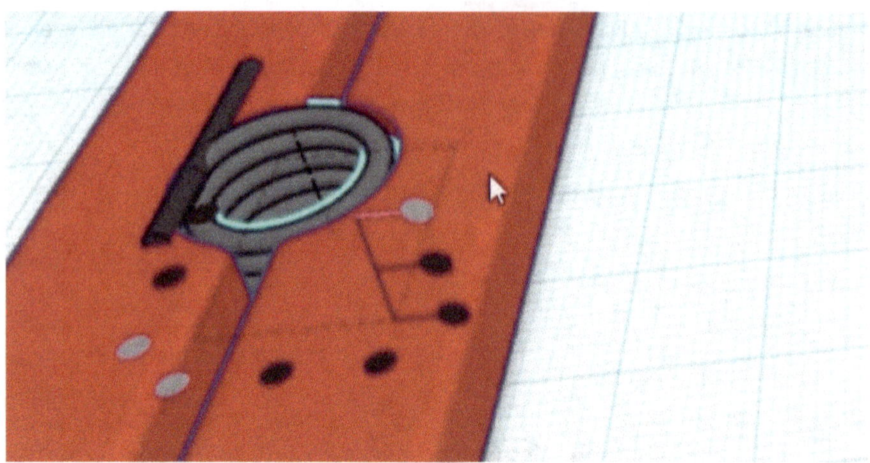

Utilizando las teclas de flecha del teclado, podemos moverlo en dirección lineal hasta que se asiente correctamente.

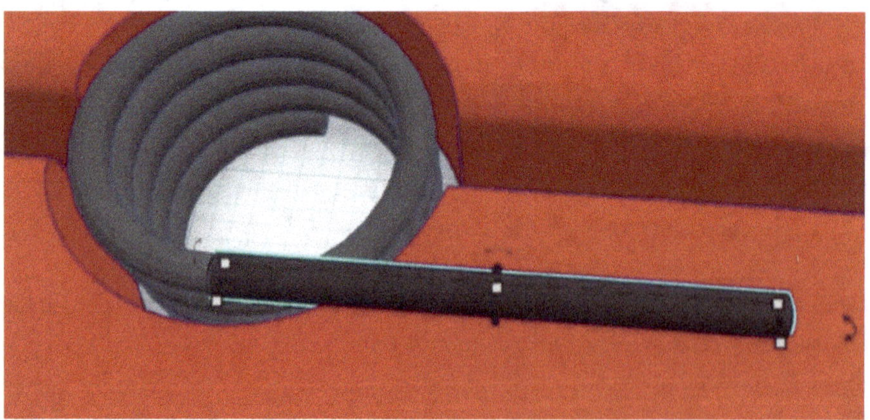

A continuación, acortamos la longitud de la parte cilíndrica a 8 mm.

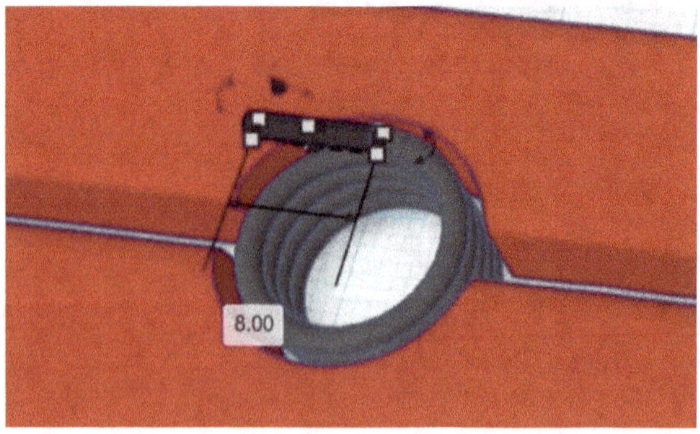

A continuación, duplicamos y giramos la pieza seleccionándola *(flecha 1),* pulsando la función "Duplicate and repeat" *(flecha 2)* y girándola 45° *(flecha 3).*

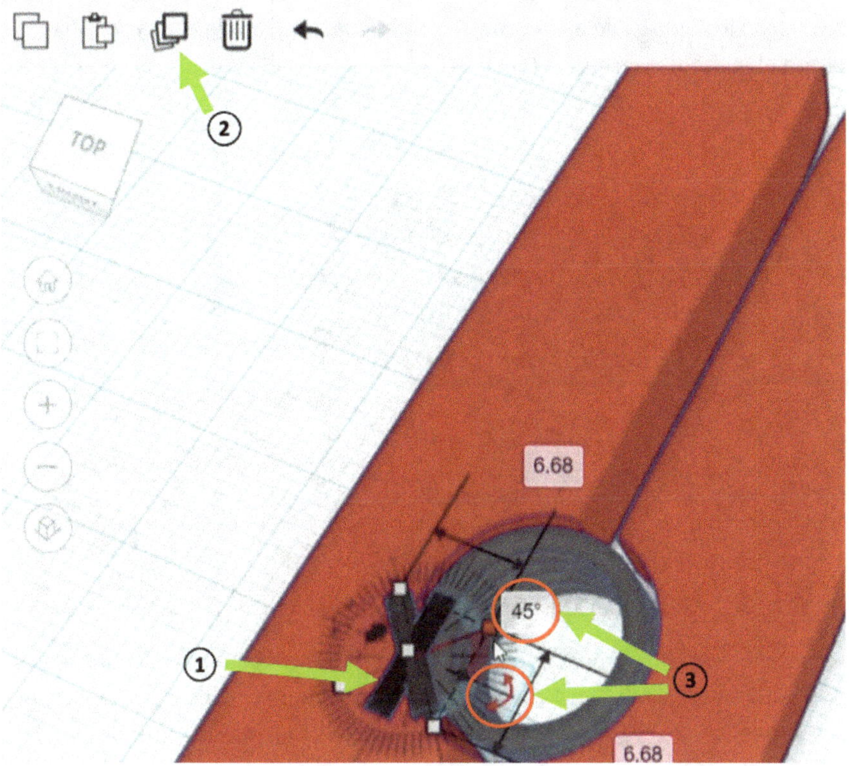

Después de haber posicionado la parte duplicada y girada de forma razonablemente adecuada con las teclas de flecha del teclado, redondeamos tanto la parte duplicada como la original ("Bevel" ajustado a 2,5 y "Segments" ajustado a 10).

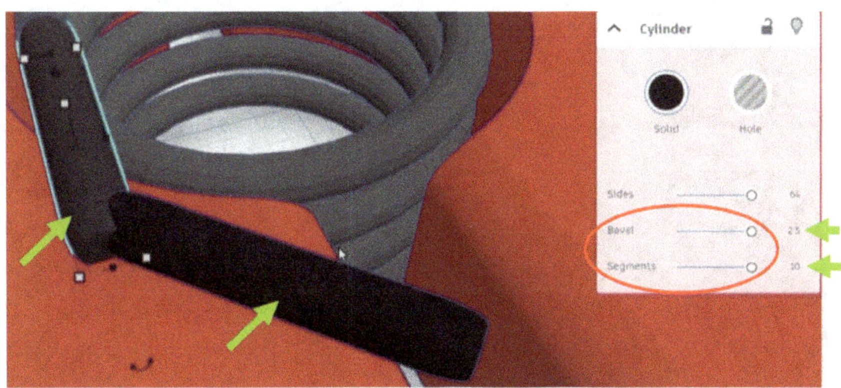

Ahora posicionamos exactamente la pieza cilíndrica girada con el comando "Align". Para ello, primero seleccionamos las dos piezas *(flechas 1 y 2),* después hacemos clic en el comando *(flecha 3)* y de nuevo en la primera pieza *(flecha 2) para que aparezcan* los puntos de alineación como se muestra. Para la alineación, hacemos clic en el punto de la esquina (flecha *4).*

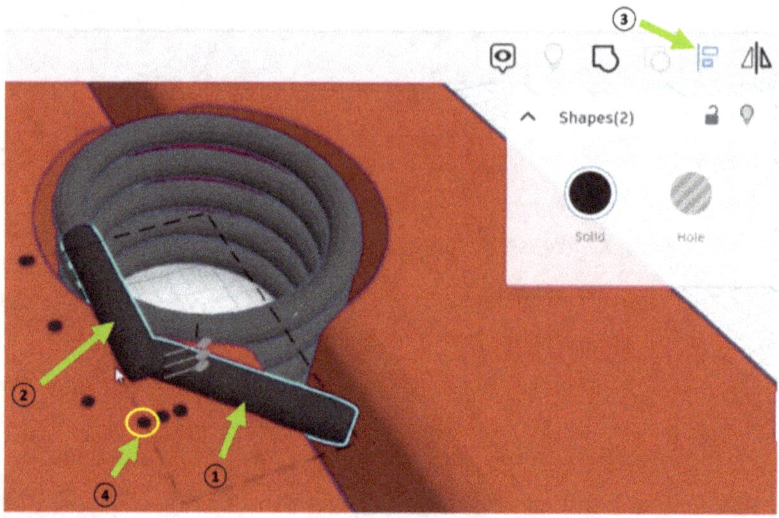

A continuación, queremos ampliar el elemento cilíndrico. Para ello utilizamos el comando "Workplane Tool" para desplazar el plano de trabajo hasta la cara de la pieza cilíndrica. Para ello, simplemente hacemos clic en el comando *(flecha 1)* y en la cara del elemento cilíndrico *(flecha 2).*

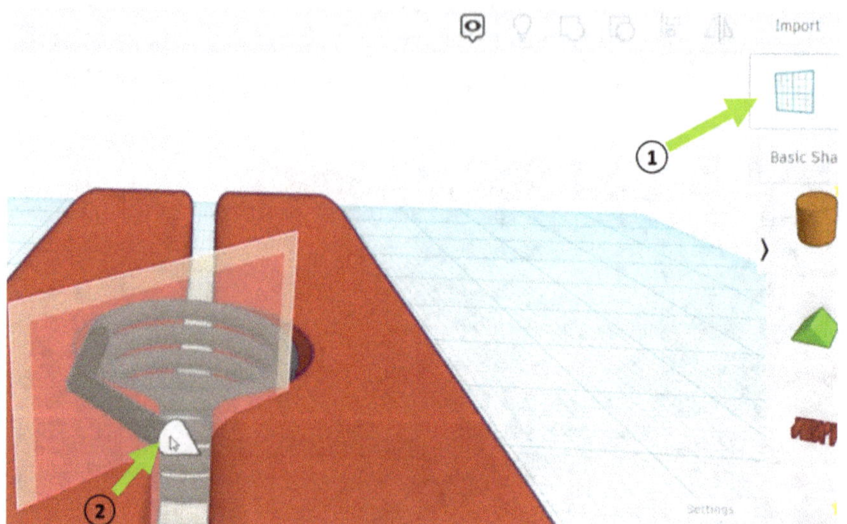

A continuación, podemos hacer clic en el centro de la cara frontal de la pieza -como se muestra- y arrastrarla con el botón del ratón pulsado. La pieza se extenderá.

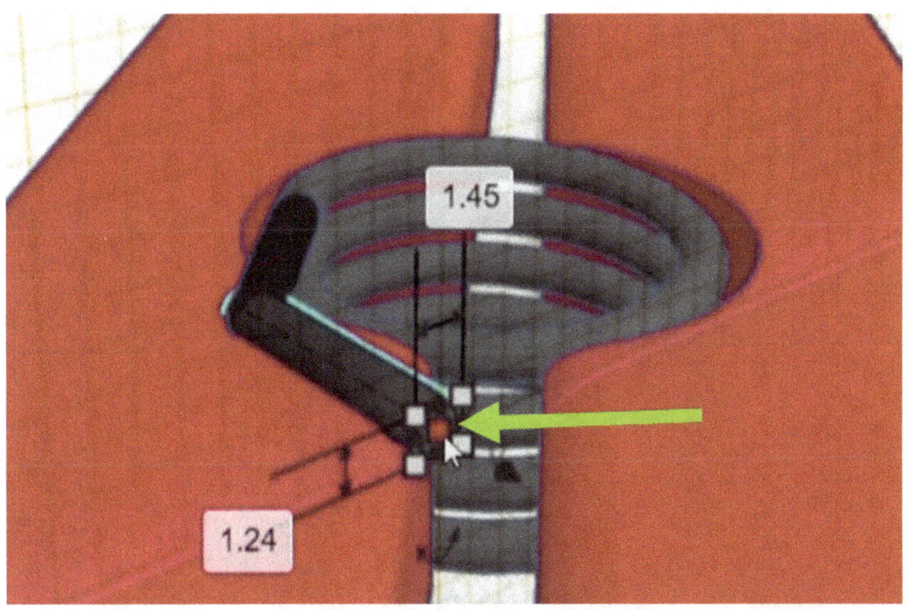

Tiramos de la pieza hasta que tenga una longitud total de 34 mm y sobrepase así el extremo de la pinza de la ropa.

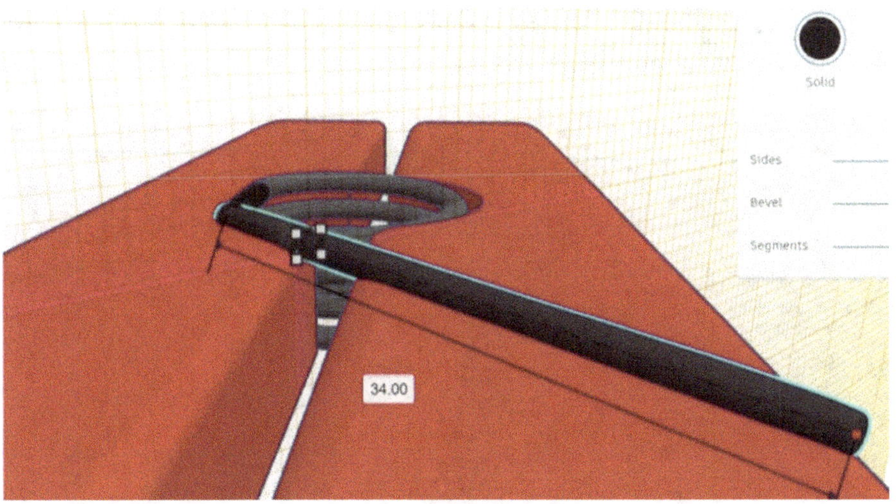

A continuación, duplicamos y giramos esta pieza de 34 mm de longitud utilizando el comando "Duplicate and repeat". La rotación debe ser de 90°. Una vez duplicada, girada y movida la pieza, debe tener el aspecto que se muestra.

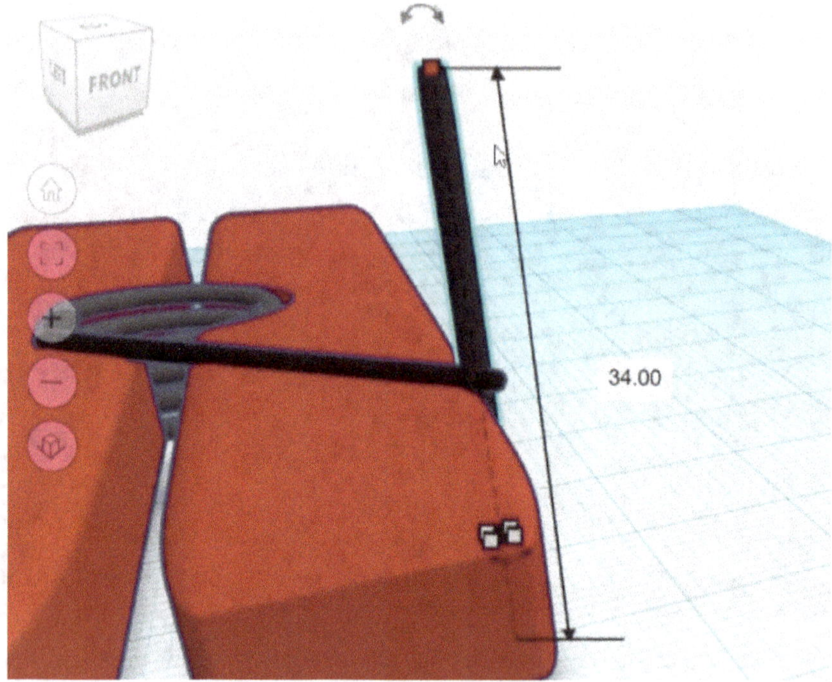

Por supuesto, ahora la pieza sigue siendo demasiado larga. Por tanto, cambiamos la longitud a 9 mm y luego la movemos un poco hacia arriba para que quede colocada como se muestra.

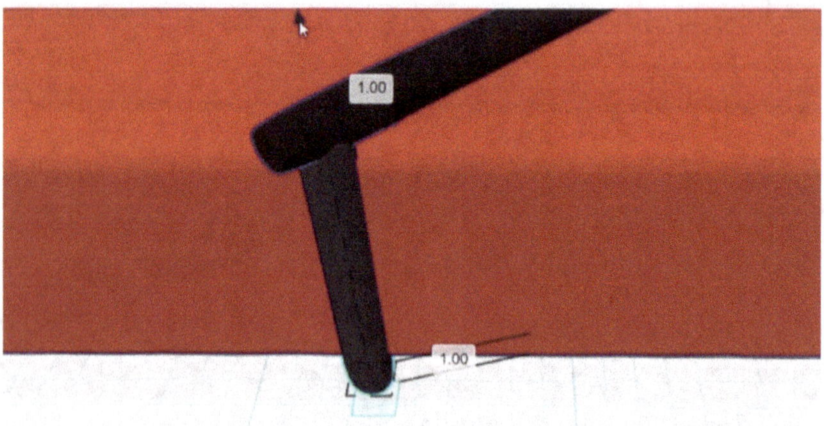

Como ahora la pieza horizontal sobresale un poco más allá de la pinza, podemos acortarla a 33 mm utilizando el comando "Workplane Tool" -como hicimos en un paso anterior- y comprimiendo un poco la pieza arrastrándola con el ratón.

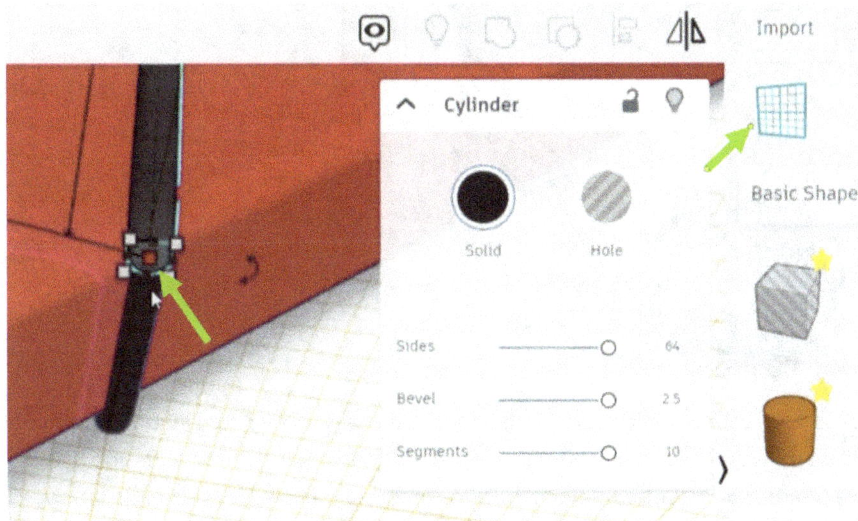

Por supuesto, ahora tenemos que añadir también a la parte inferior los elementos cilíndricos que añadimos en la parte superior. Para facilitarnos las cosas aquí, ocultamos el cuerpo básico de la pinza de la ropa *(flecha 1)* haciendo clic en el símbolo de la bombilla *(flecha 2)*.

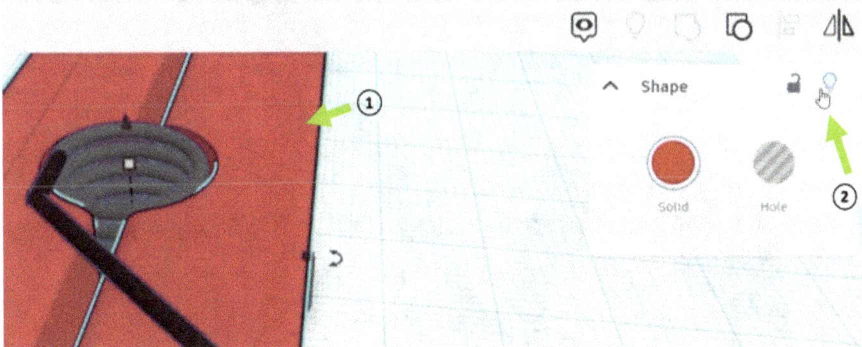

A continuación, seleccionamos los tres elementos cilíndricos negros ("SHIFT"-tecla para selección múltiple) y bloqueamos la edición con un clic en el pequeño símbolo del candado en los ajustes para que las piezas no cambien de forma indeseada.

A continuación, duplicamos y reflejamos estos tres elementos cilíndricos haciendo clic en el comando "Duplicate and repeat" y "Mirror". Hacemos esto uno tras otro haciendo clic en la doble flecha que se muestra en rojo. Puedes girar un poco la vista para que se vea mejor.

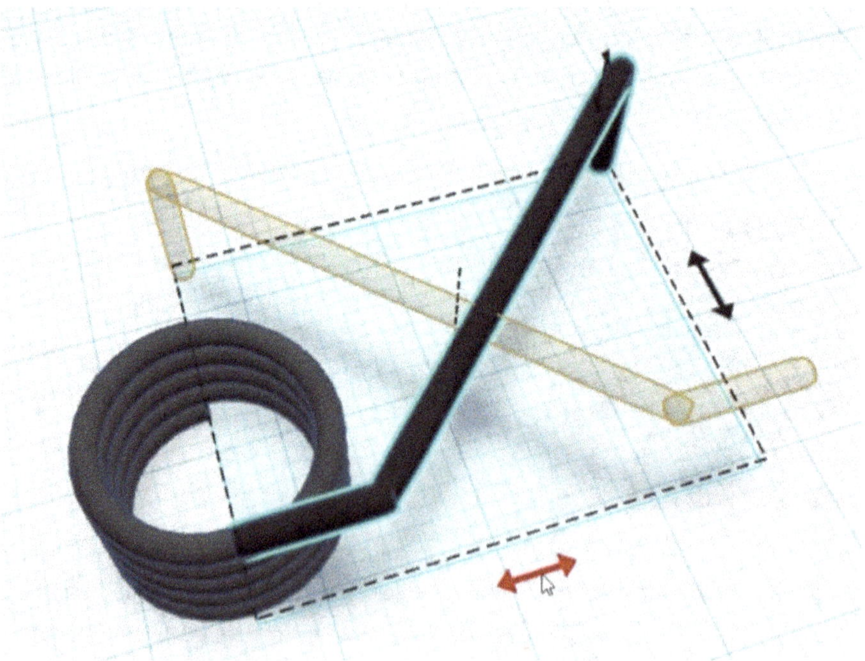

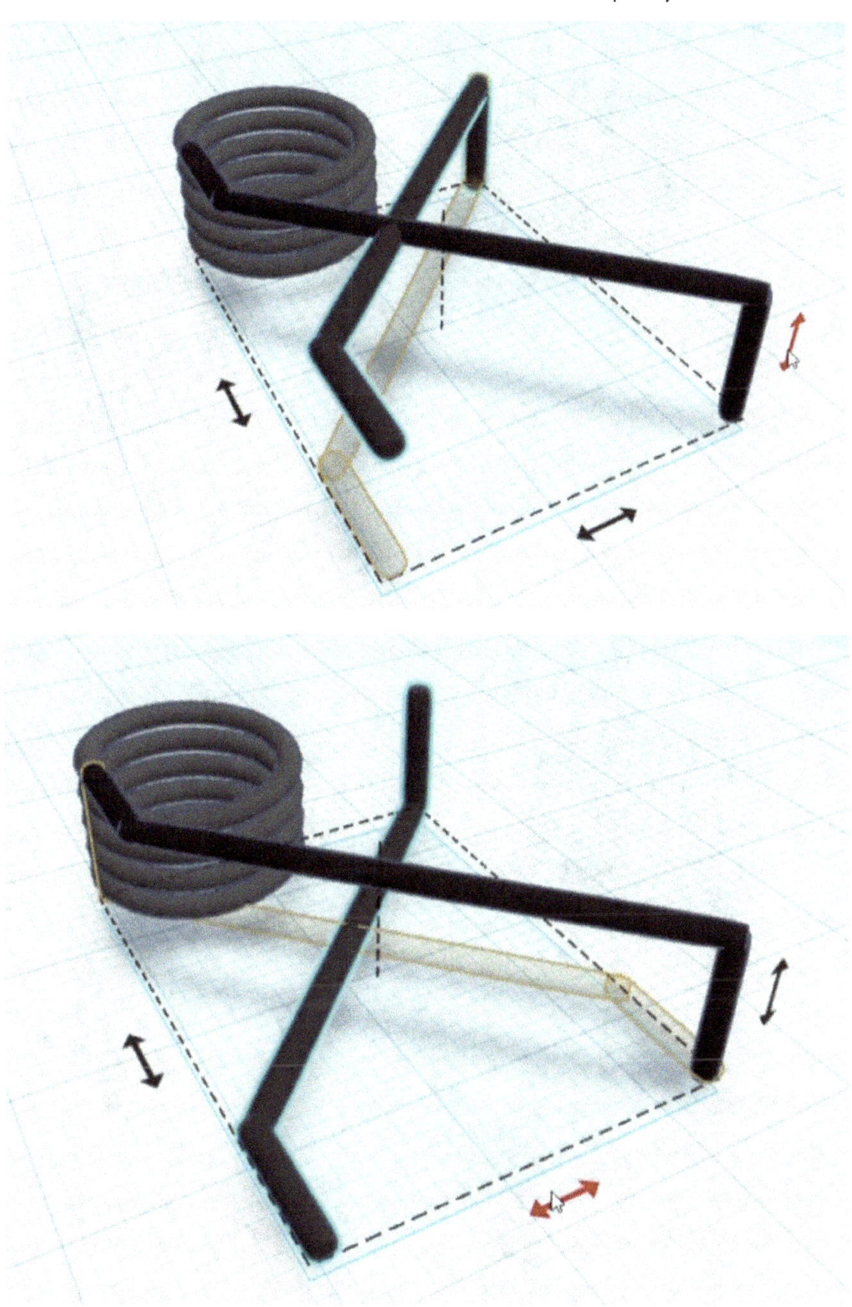

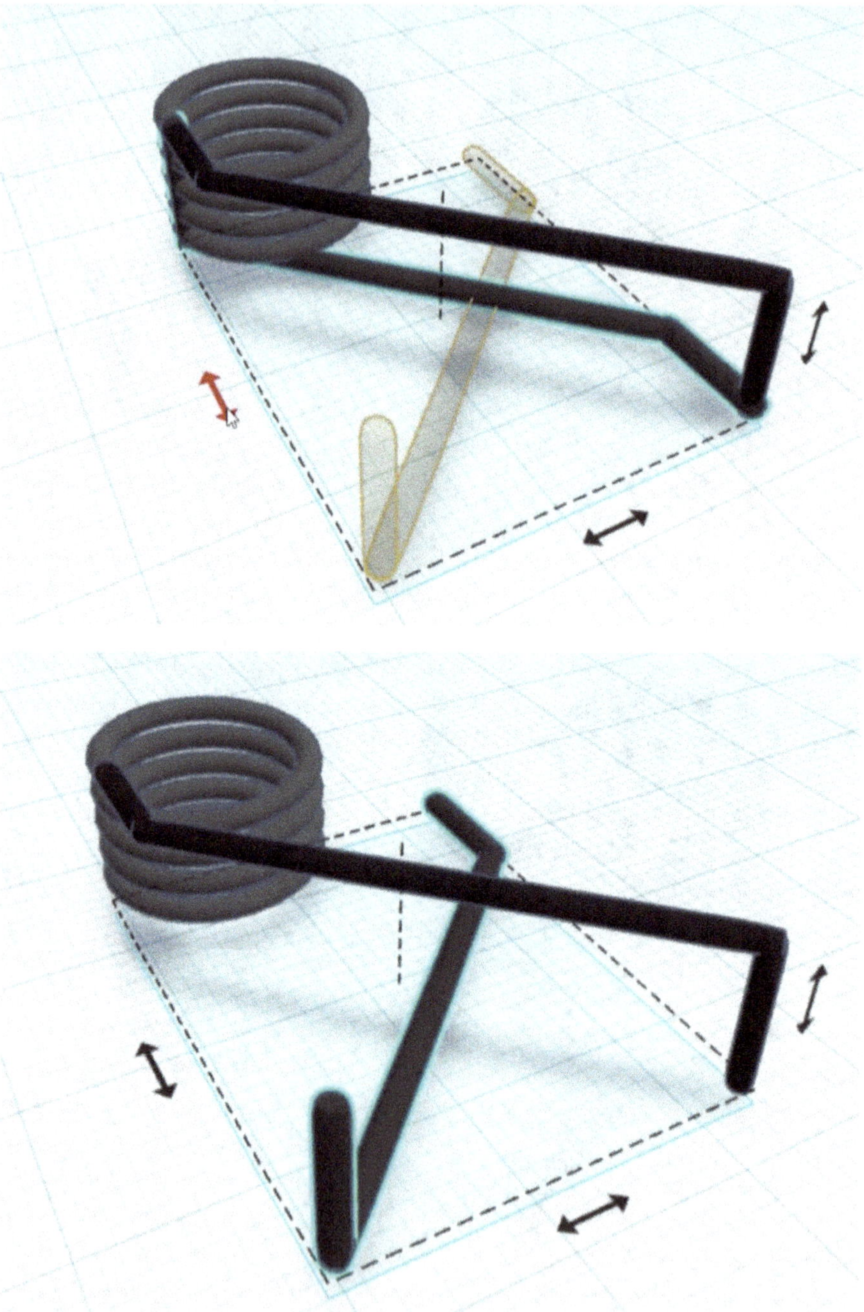

Ahora la orientación es correcta y podemos hacer el posicionamiento moviendo las partes duplicadas con el ratón o el teclado.

Para obtener la altura correcta, basta con introducir una separación de 0,5 mm.

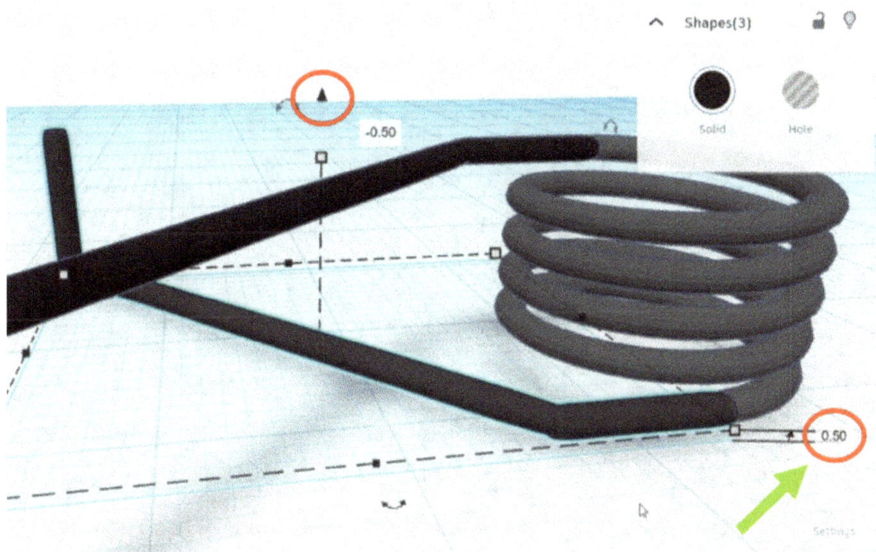

Después seleccionamos todos los elementos visibles en ese momento y los agrupamos pulsando el comando "Group". El color también se ajusta mediante este proceso.

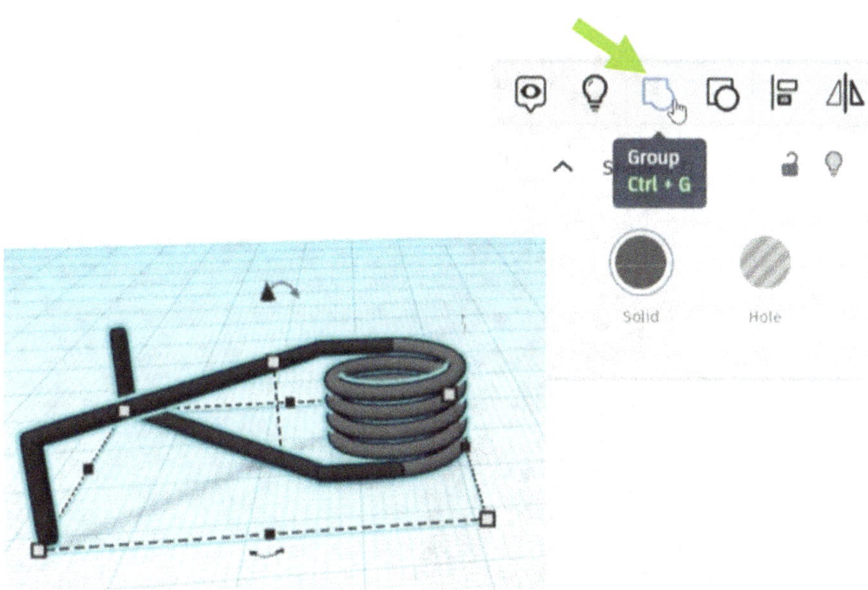

Con un clic en el símbolo de la bombilla pequeña podemos volver a mostrar también el cuerpo básico rojo de la pinza de la ropa.

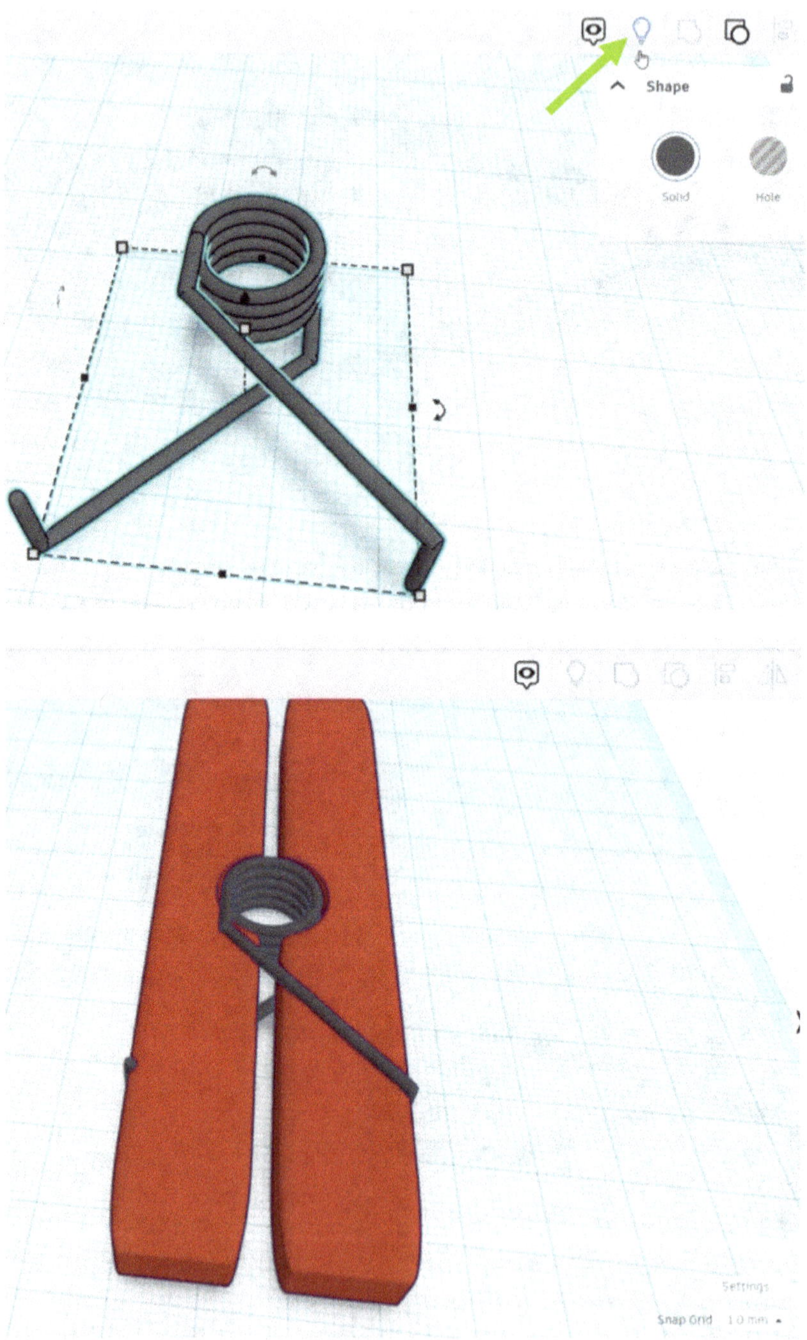

Ahora la pinza parece casi terminada, pero aún faltan dos elementos. En primer lugar, aún necesitamos un recorte en forma de cuña en la zona trasera y, en segundo lugar, una zona dentada en la parte delantera.

Primero nos ocupamos de la sección en forma de cuña. La creamos, por ejemplo, con la ayuda del elemento verde "roof", que primero colocamos en nuestro plano de trabajo y luego giramos 90 grados.

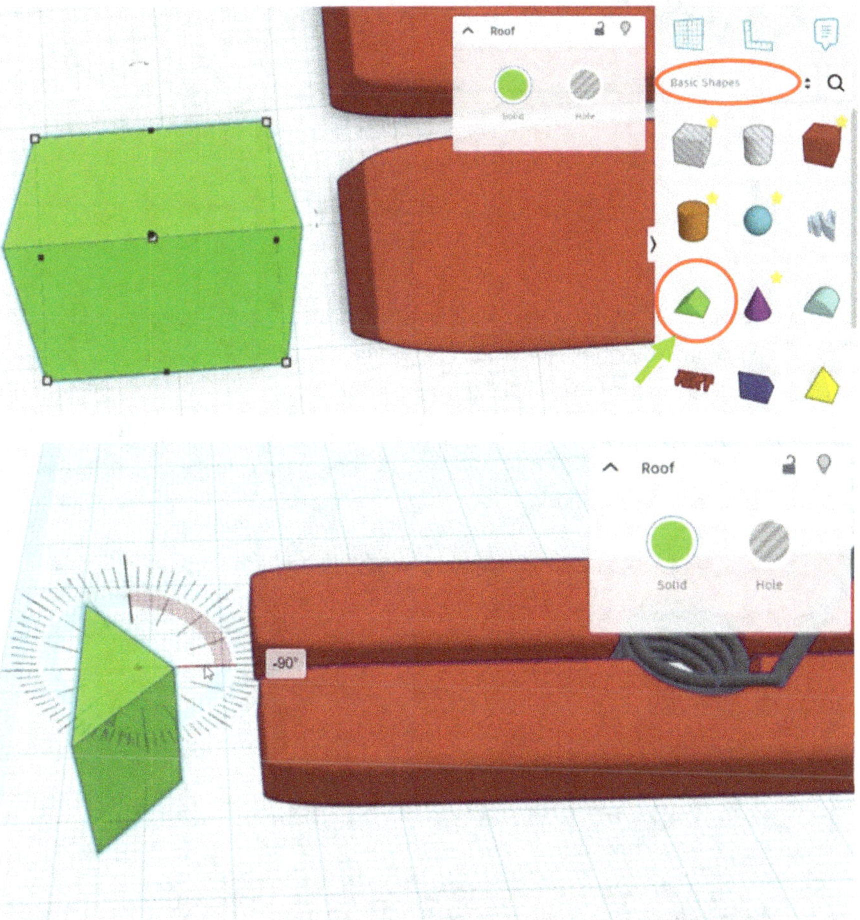

A continuación, ampliamos el elemento hasta 66 mm haciendo clic sobre él y arrastrando uno de los puntos centrales del lateral.

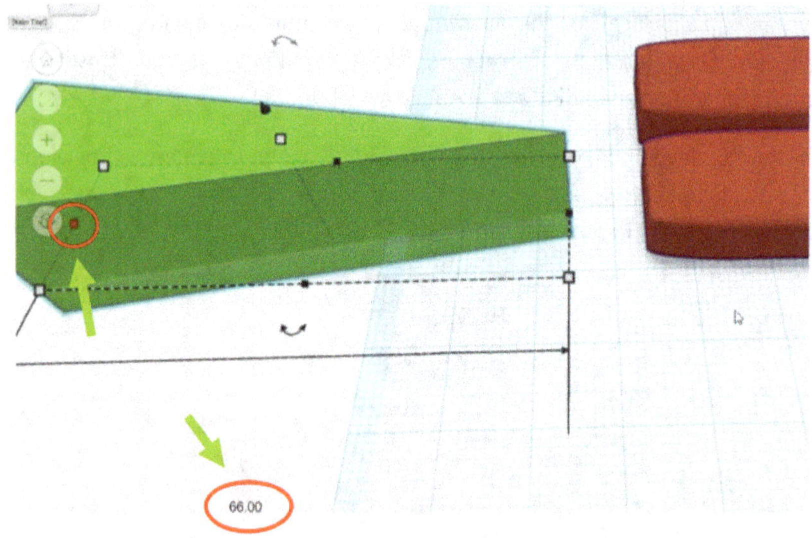

Luego lo ensanchamos de forma similar hasta unos 39 mm, activamos la opción "Hole" en los ajustes y posicionamos el elemento centrado respecto a la pinza de la ropa utilizando la función "Align". Para posicionar con la función "Align" primero tenemos que seleccionar ambos elementos, luego hacer clic en el botón "Align" y después volver a hacer clic en la pinza de la ropa para que se nos muestren los puntos de alineación correctos.

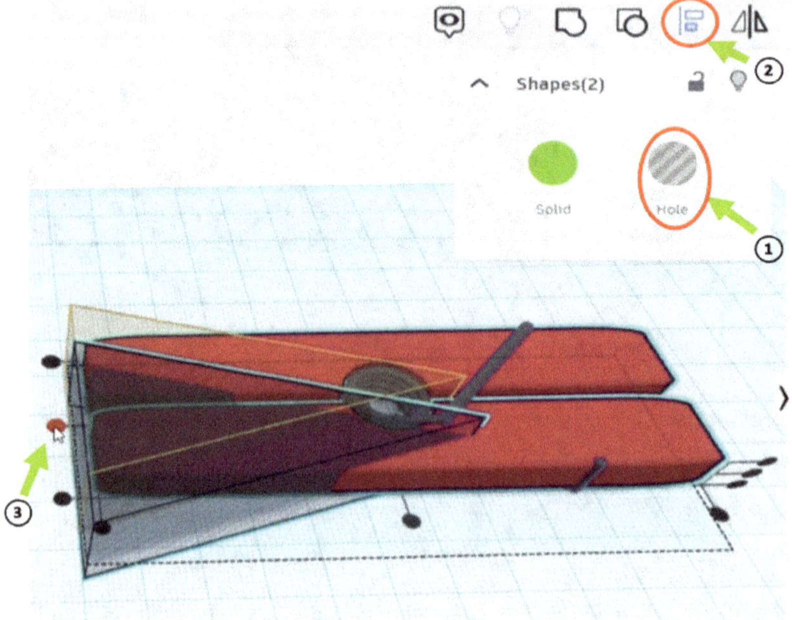

Por último, desplazamos el elemento un poco hacia atrás con las flechas del teclado para que la sección comience aproximadamente en el centro del muelle espiral y agrupamos todos los cuerpos con la función "Group".

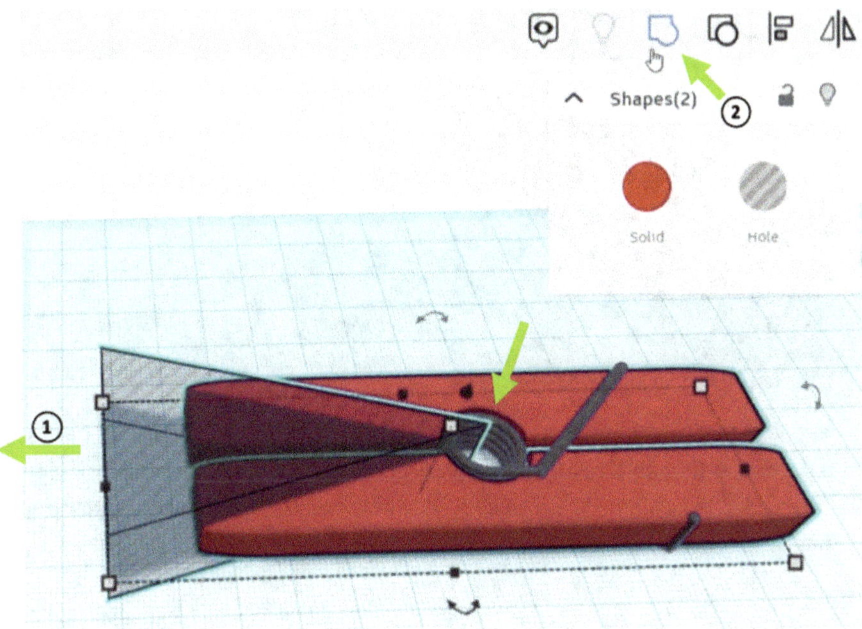

Ahora que el recorte está terminado, nos ocupamos de la zona dentada de la parte delantera de la pinza de la ropa. Para ello utilizamos el elemento "round roof" y lo colocamos en el plano de trabajo.

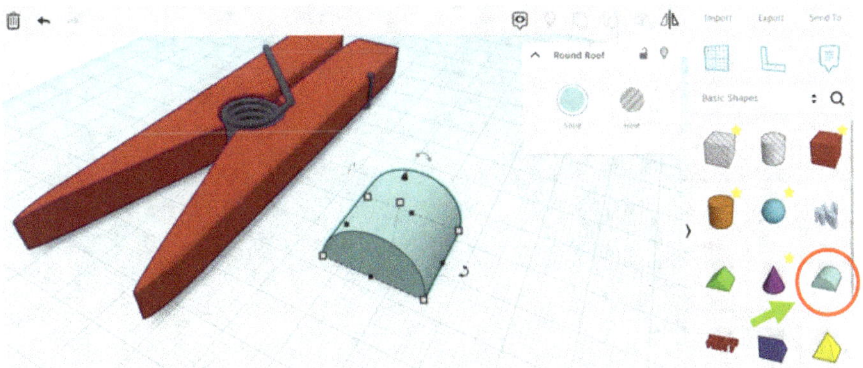

Copiamos y reflejamos el elemento de una forma ya conocida.

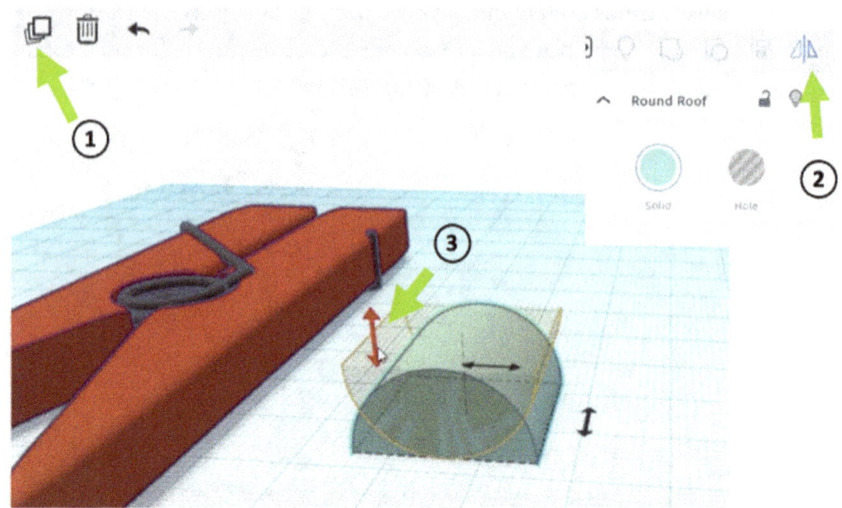

Luego movemos el elemento reflejado ligeramente hacia la derecha para que quede más o menos a ras del primer elemento. También seleccionamos ambos elementos y los copiamos de nuevo, ya que necesitamos cuatro elementos en total.

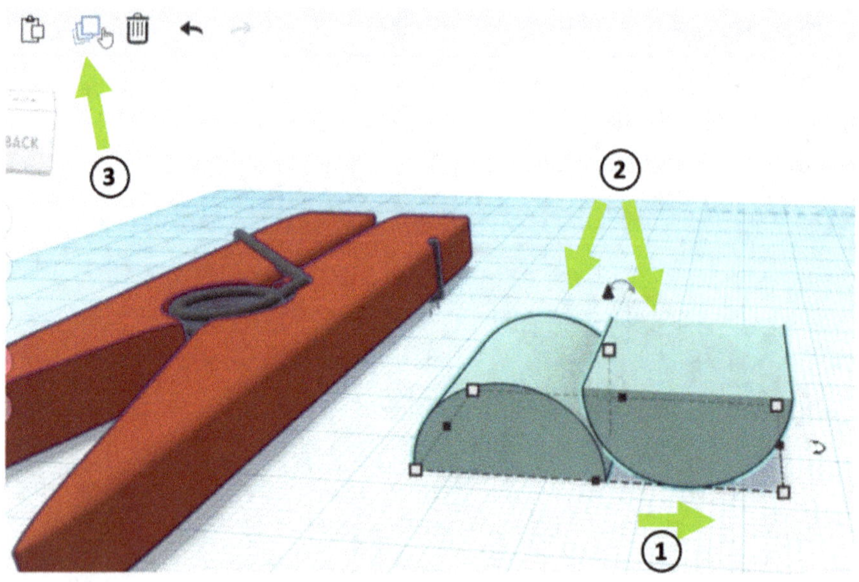

Tras desplazar de nuevo los elementos copiados hacia la derecha, de modo que queden adyacentes a los otros dos, agrupamos las cuatro formas.

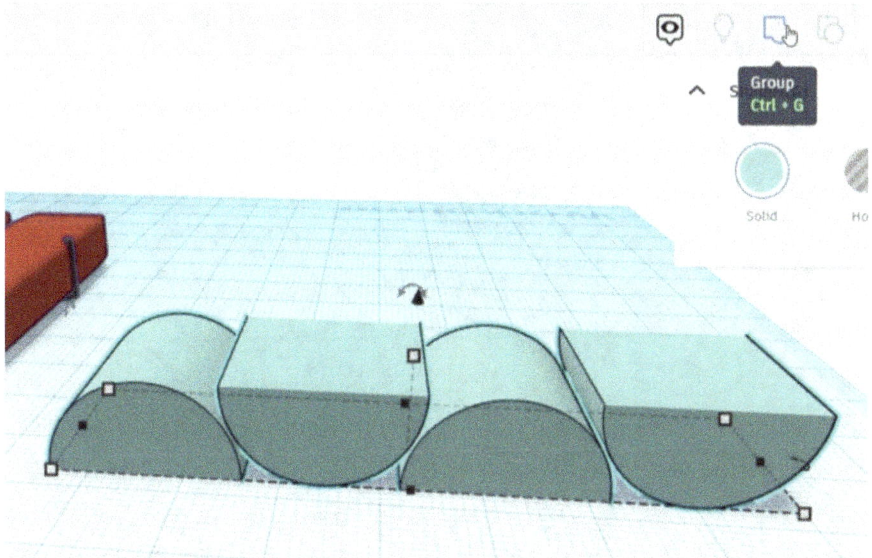

A continuación, giramos el elemento agrupado primero -90 grados en el eje longitudinal y luego otra vez -90 grados en el eje vertical, como se muestra.

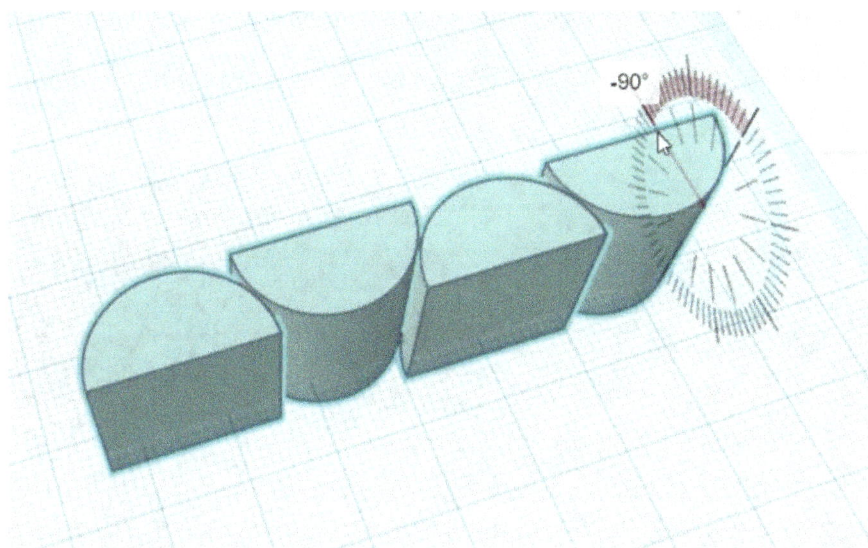

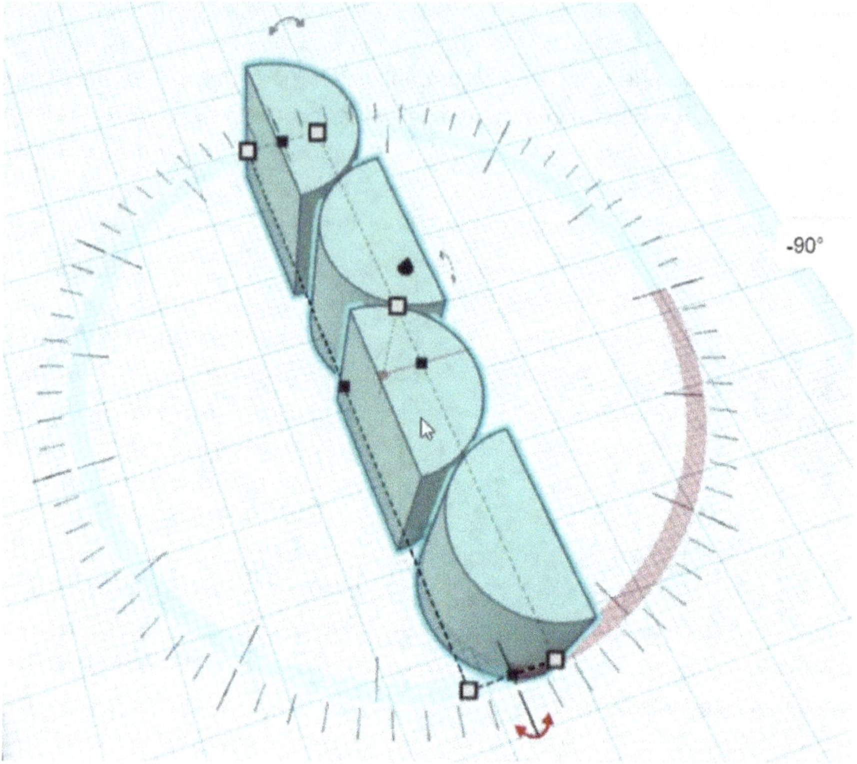

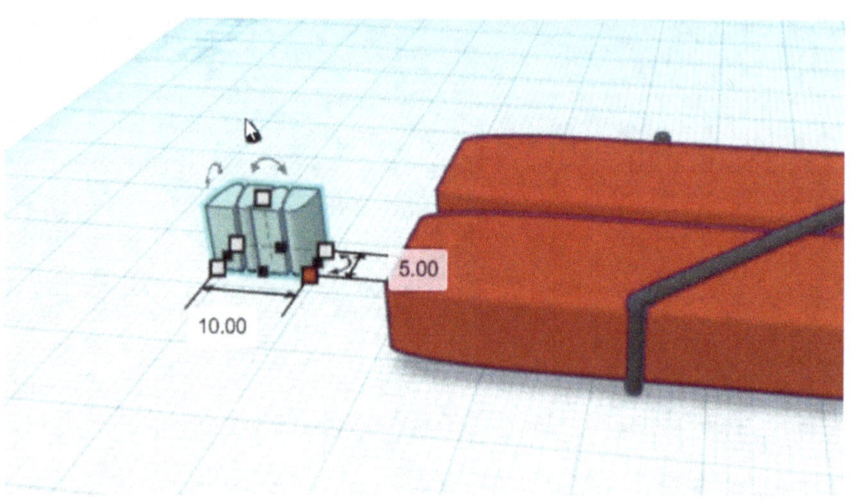

Después de mover el elemento agrupado a la parte delantera de la pinza de la ropa, cambiamos la altura a 7 mm, la anchura a 5 mm y la longitud a 10 mm.

Con la función "Align" alineamos el elemento agrupado con la pinza de la ropa. Para ello, primero seleccionamos todos los objetos, pulsamos el botón "Align" y volvemos a seleccionar la pinza de la ropa para que aparezcan los puntos de alineación correctos. Tenemos que hacer este proceso dos veces seguidas para poder alinear la pieza centrada en dos direcciones (eje longitudinal y eje vertical).

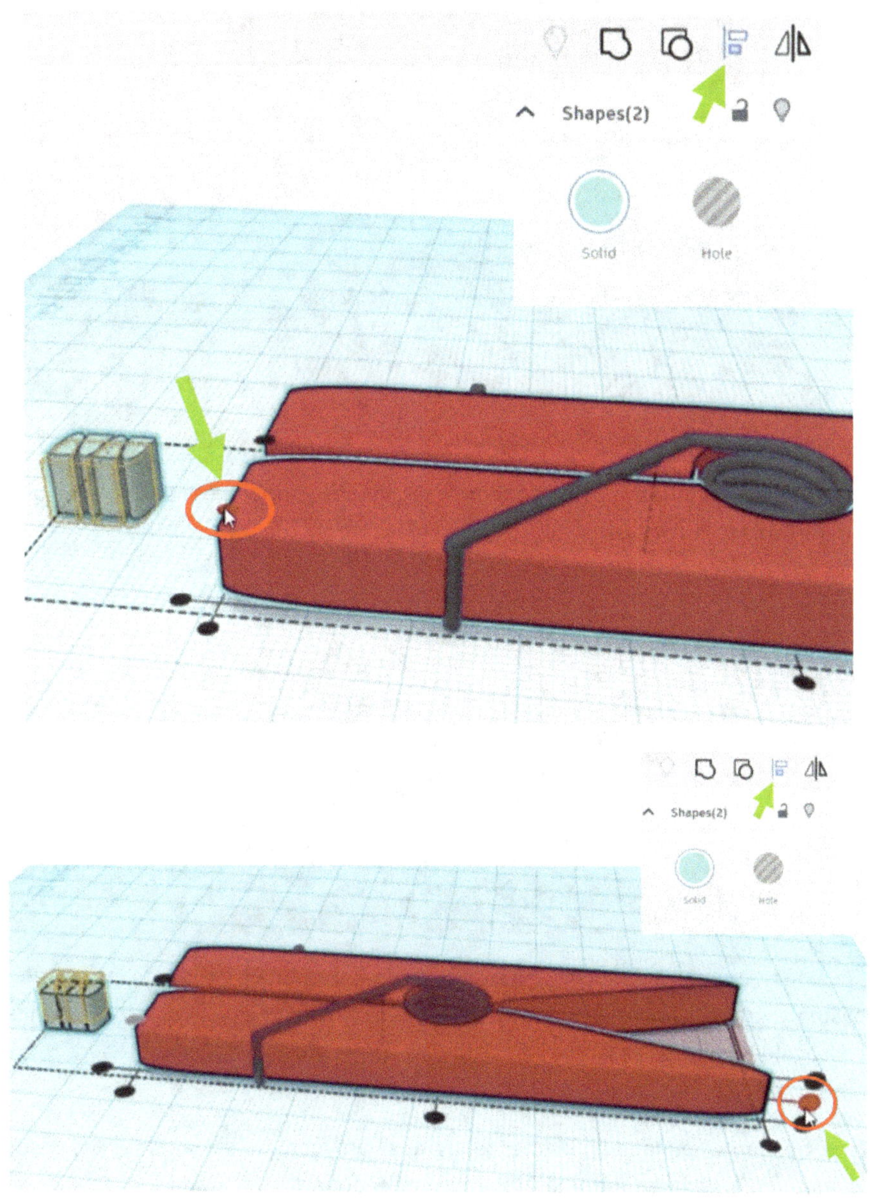

Después de mover la pieza a la parte delantera de la pinza de la ropa con las teclas de flecha, aún podemos cambiar la longitud a 20 mm, de lo contrario parece un poco corta.

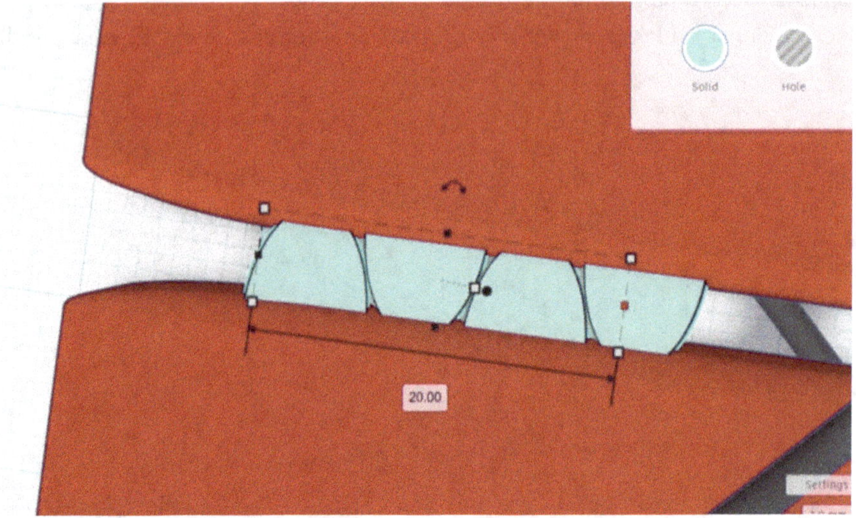

Además, como último paso podemos -si lo deseamos- seleccionar un color diferente para la zona dentada.

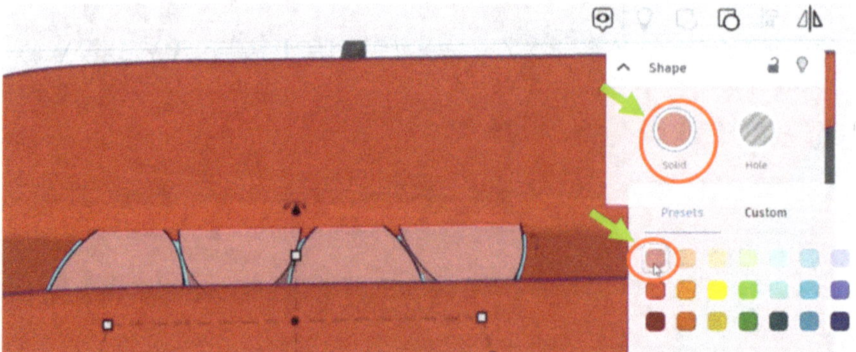

¡Ya está terminado el modelo de pinza de la ropa! Un trabajo excelente, ha costado bastante trabajo, pero no hemos cejado en el empeño y por eso lo hemos conseguido. Ahora pasamos al siguiente proyecto, que también será muy emocionante e instructivo.

Mientras tanto, puedes simplemente cerrar el proyecto de pinza, todos los pasos ya han sido guardados automáticamente por el programa.

Capítulo 4 | Modelo 3D Proyecto 2: Linterna

Nuestro segundo proyecto juntos en este curso será un modelo 3D de una antorcha. Debería tener este aspecto y puedes copiar el proyecto en tu cuenta en el siguiente enlace:

https://tinyurl.com/3muuhveb

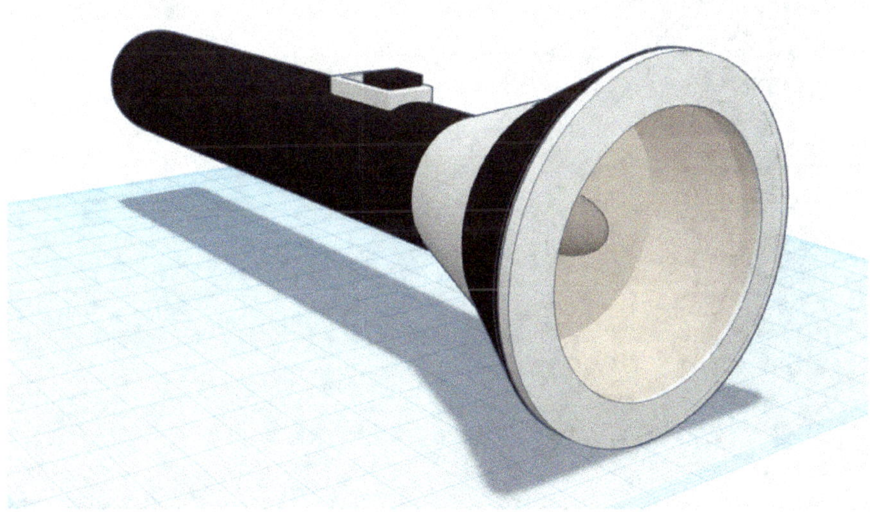

Por supuesto, creamos un nuevo proyecto para el modelo. Esto funciona de la misma manera que para la pinza de la ropa. Hacemos clic en la pestaña "Designs" de la parte izquierda de la página de inicio y luego en el botón "+ New" de la parte superior derecha. Aquí podemos seleccionar la opción "3D Design" y se creará un nuevo proyecto.

Para empezar, creamos el cuerpo básico o mango de la antorcha. Lo hacemos con un elemento cilíndrico *(flecha 1)*, al que damos un diámetro de 25 mm y una longitud de 140 mm *(flechas 2)*. Además, ajustamos las opciones "Sides" y "Segments" de los ajustes a los valores máximos, es decir, 64 y 10 (flecha 3*), para que el elemento cilíndrico* quede bien redondeado. También hacemos un pequeño redondeo introduciendo un 1 en la opción "Bevel" *(flecha 3)*. Por último, establecemos un color oscuro, por ejemplo negro (flecha 4*)*.

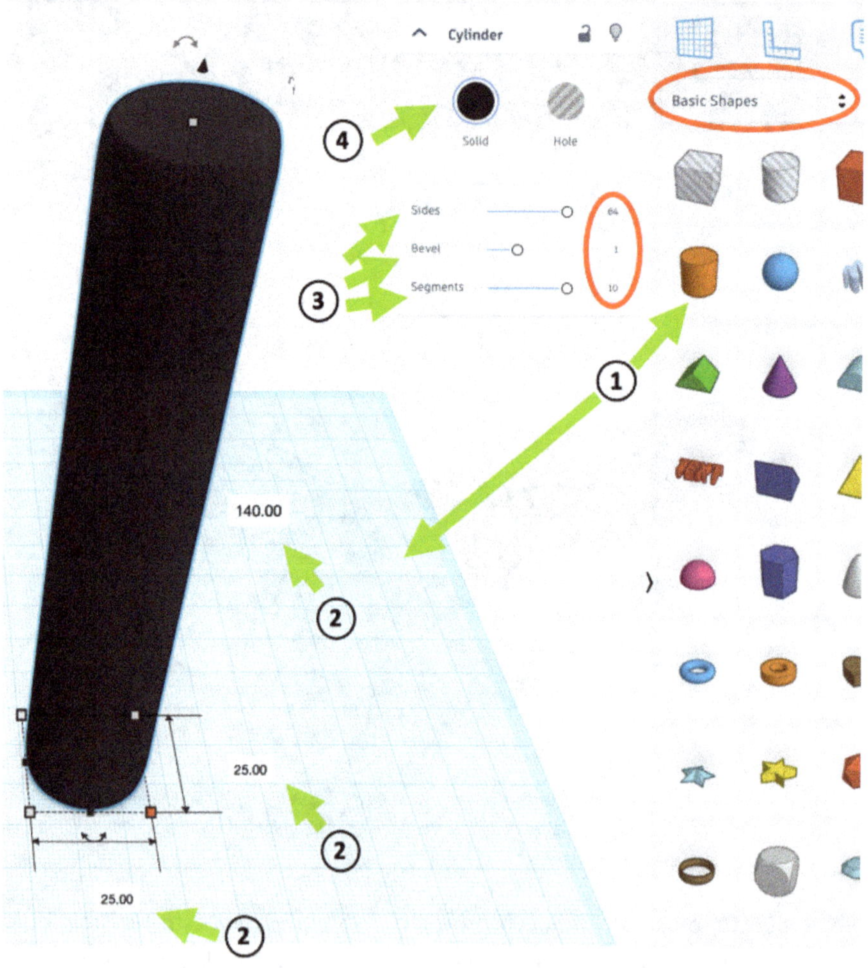

A continuación, giramos el elemento cilíndrico alrededor de su centro 90 grados en el sentido contrario a las agujas del reloj y lo desplazamos primero hacia la parte posterior izquierda, de modo que tengamos espacio suficiente para el siguiente elemento, que será la sección frontal en forma de cono de la antorcha.

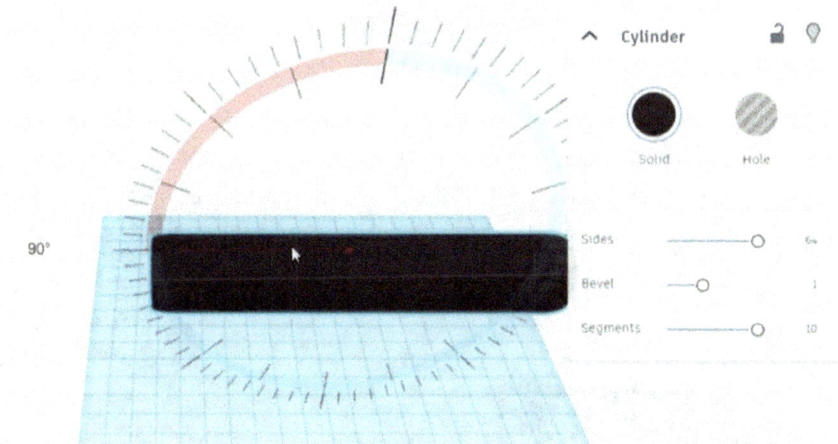

Seleccionamos el elemento en forma de cono "cone" y lo colocamos en nuestro plano de trabajo. A continuación, cambiamos el diámetro del elemento a 60 mm introduciendo el valor 60 para ambos lados.

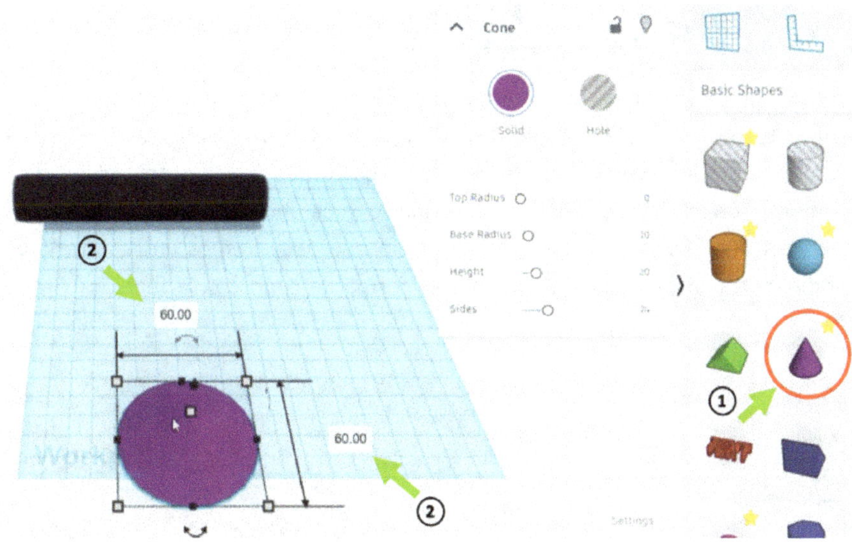

También cambiamos la altura a 28 mm.

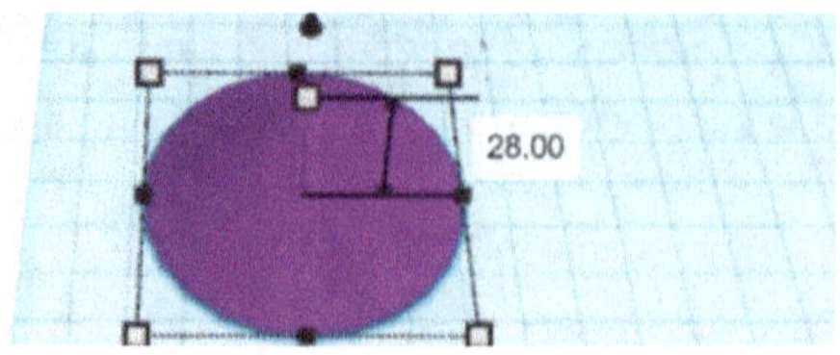

A continuación, hacemos dos cambios en las opciones del elemento cónico. En primer lugar, introducimos un valor de 20 mm para la opción "Top Radius" y, en segundo lugar, ajustamos la opción "Sides" al valor máximo, es decir, 64. La forma del cono cambia entonces. Dejamos los otros dos valores de "Base Radius" y "Height" en los valores establecidos, es decir, 10 mm y 20 mm.

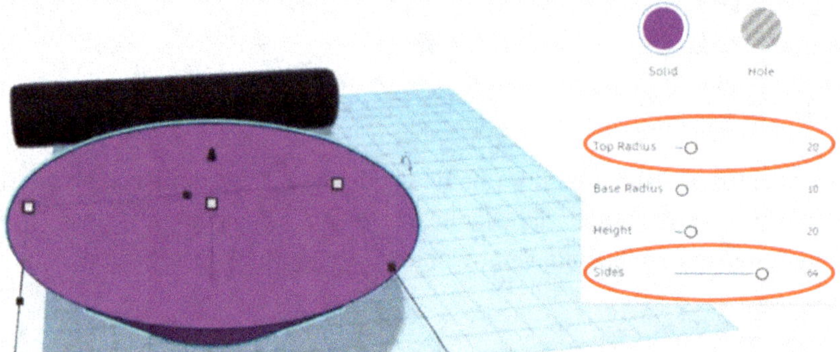

Ahora damos los cuatro pasos siguientes, uno tras otro. Primero copiamos el elemento con la función "Duplicate and repeat" *(flecha 1)*. Luego arrastramos el elemento copiado verticalmente de modo que quede 2 mm más alto que el elemento original (flecha *2)*. A continuación, cambiamos el elemento de la configuración "Solid" a "Hole" *(flecha 3)*, porque necesitamos un recorte y, por último, agrupamos los dos elementos en forma de cono con la función "Group" *(flecha 4)*.

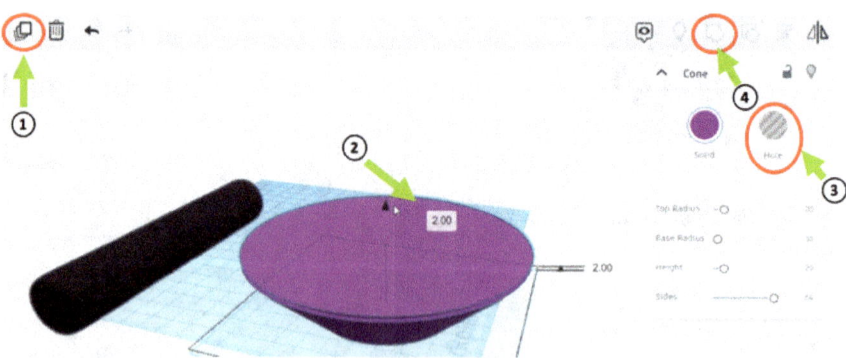

Como resultado, obtenemos un elemento en forma de cono que parece un cuenco o una pantalla de lámpara invertida.

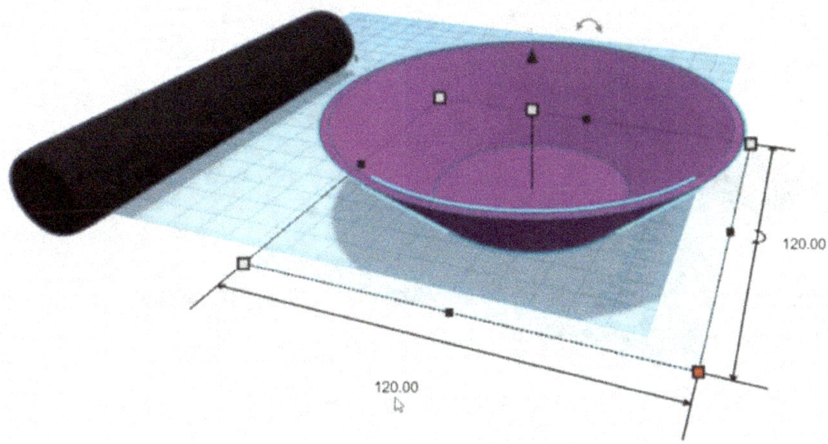

Sin embargo, hemos creado la pieza un poco demasiado grande, así que ahora cambiamos la longitud y la anchura del elemento agrupado a 60 mm cada una.

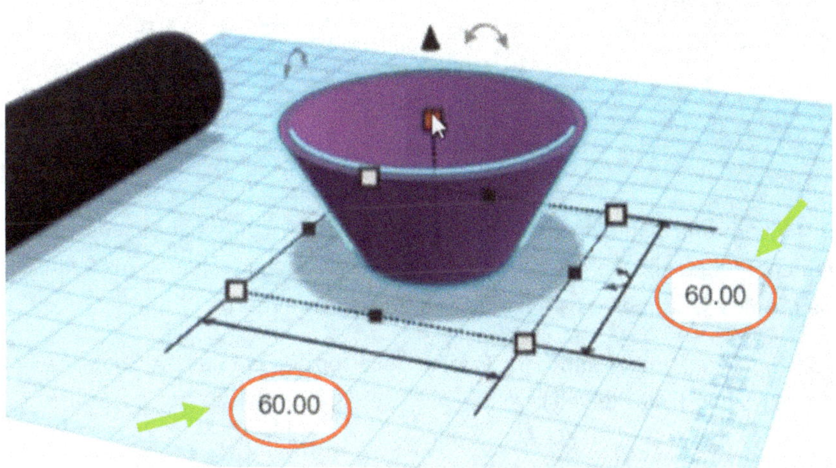

Después duplicamos el elemento utilizando de nuevo la función "Duplicate and repeat" *(flecha 1)*. De forma similar a uno de los pasos anteriores, arrastramos el elemento duplicado 2 mm hacia arriba para que quede desplazado respecto al elemento original *(flecha 2)*. También cambiamos el color a blanco (flecha 3).

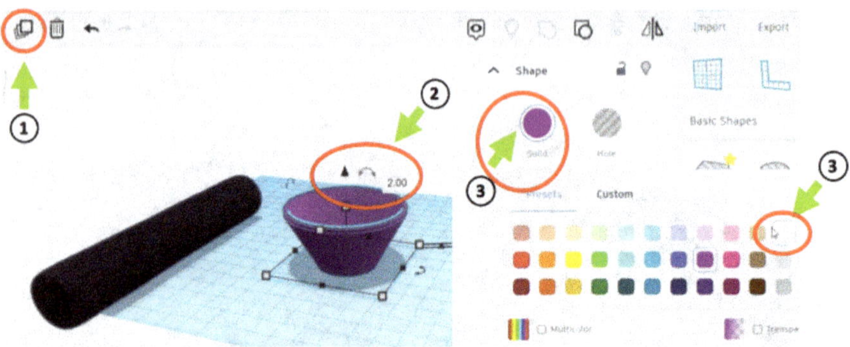

A continuación, cambiamos también el color del cono de debajo a negro. Así obtenemos la pantalla de la linterna.

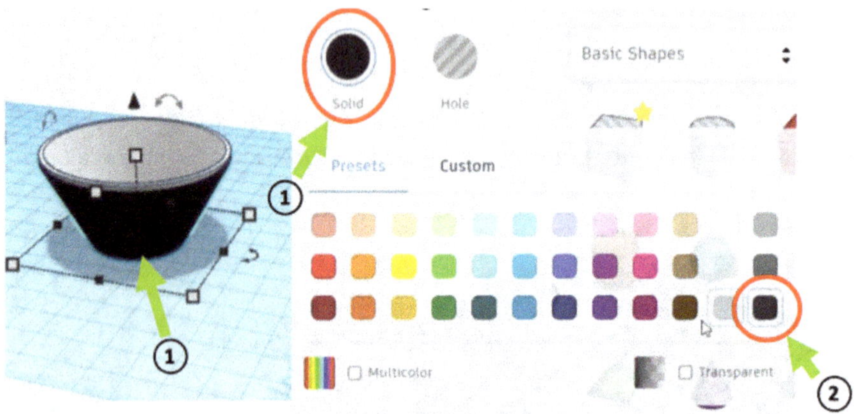

Sin embargo, la pantalla aún no está terminada. A continuación añadimos un elemento tubular "Tube" *(flecha 1),* cuya longitud y anchura fijamos en 60 mm cada una *(flechas 2).* También cambiamos la altura a 3 mm *(flecha 2).*

A continuación, aumentamos los valores de las opciones "Sides" y "Bevel" *(flecha 3)* a 64 ("Sides") y 5 ("Bevel").

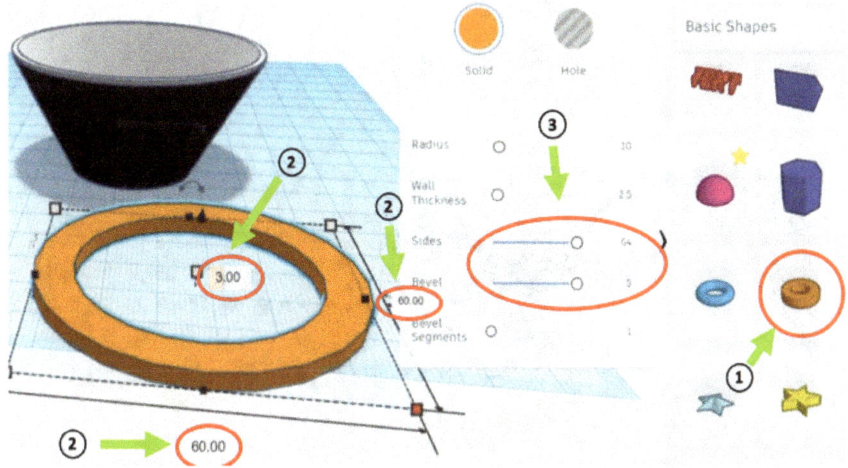

A continuación, añadimos un elemento cilíndrico de 1 mm de alto y 57 mm de ancho y largo *(flechas 1 y 2)* y fijamos el valor máximo de 64 en las opciones en "Sides" *(flecha 3)*.

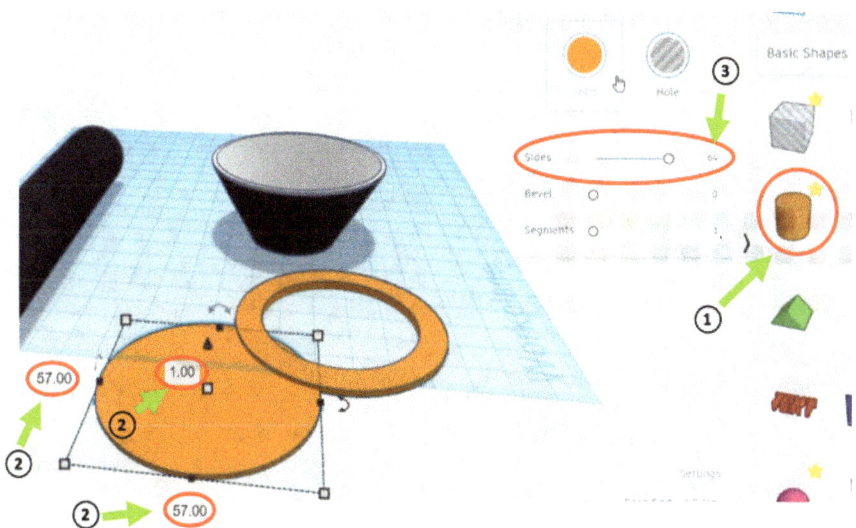

A continuación, cambiamos el color del elemento a un naranja ligeramente más claro y marcamos el ajuste "Transparent". Los dos elementos que acabamos de crear van a representar la cubierta frontal de nuestra pantalla.

A continuación, cambiamos el color de la pieza a un naranja ligeramente más claro *(flechas 1 y 2)* y marcamos el ajuste "Transparent" *(flecha 3)*.

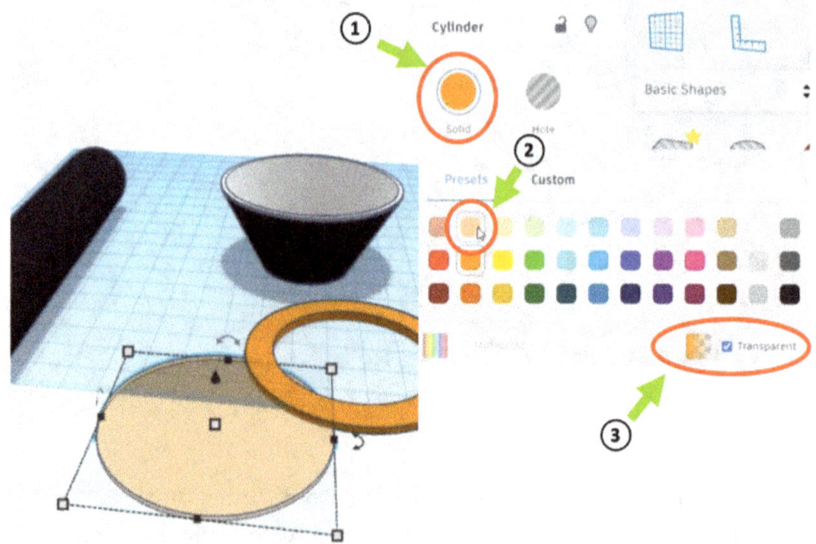

Cambiamos el color de la parte anterior a blanco de la misma forma. Sin embargo, esta parte no debe ser transparente.

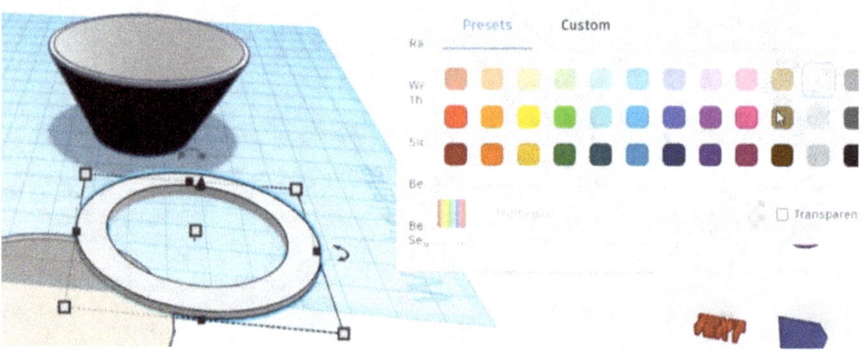

En el siguiente paso, centramos entre sí las dos partes que acabamos de crear. Lo hacemos -como siempre- con la función "Align" *(flecha 1)* después de haber seleccionado las dos piezas. Para ello, hacemos clic uno tras otro en los puntos de alineación mostrados *(flechas 2 a 4)* para que las dos piezas queden alineadas centradas entre sí.

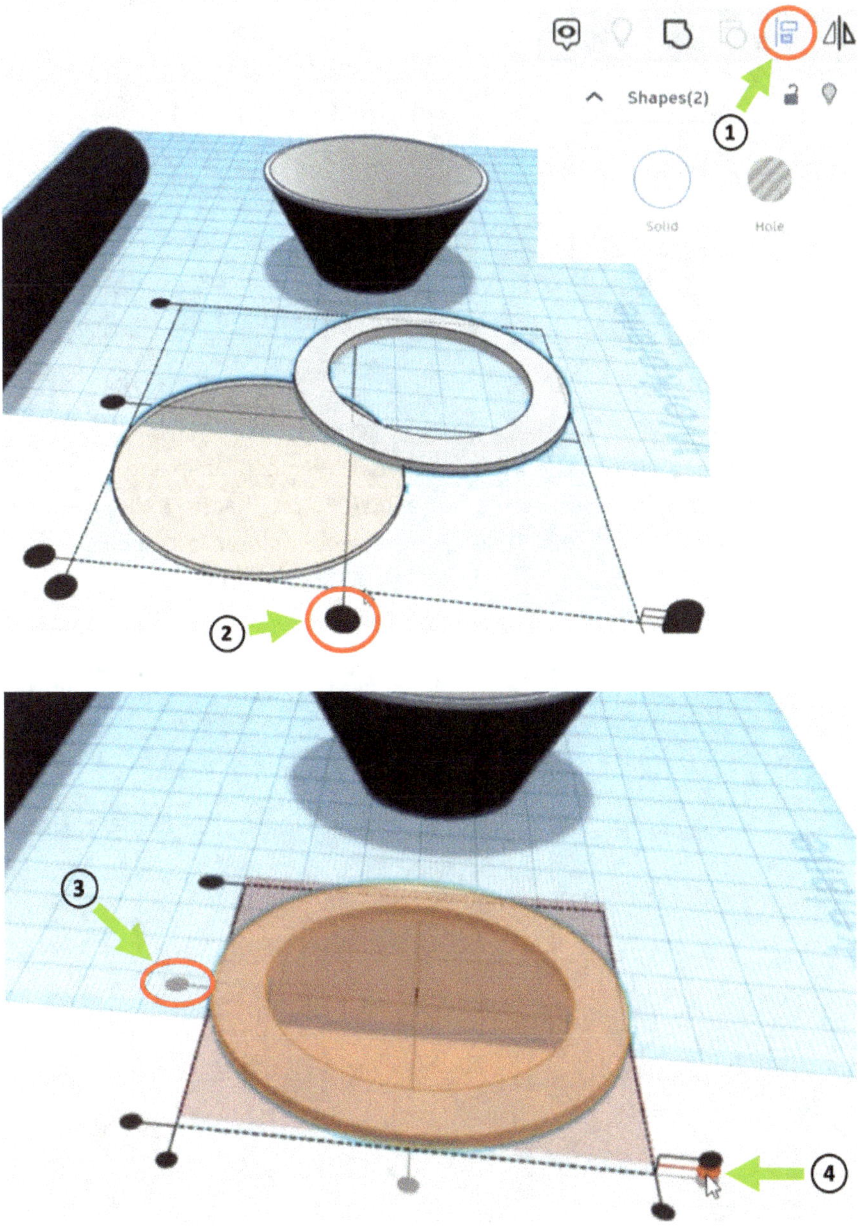

Tras la alineación, añadimos un elemento de media esfera ("Half Sphere"), que más tarde representará nuestra bombilla. Cambiamos la anchura y la longitud del elemento a 10 mm cada una. Podemos mantener la altura, que está preestablecida en 10 mm.

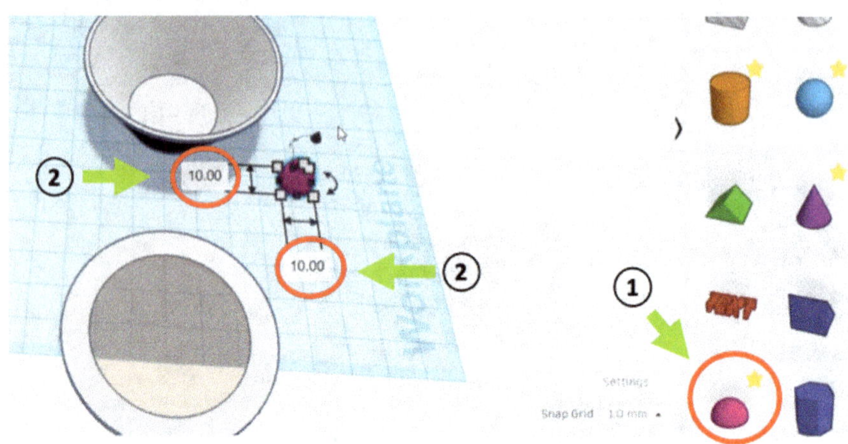

Para colocar este elemento en la pantalla de la lámpara utilizamos la función "Workplane Tool". Tras seleccionar el comando *(flecha 1)*, hacemos clic en el fondo interior de la pantalla *(flecha 2),* ya que queremos colocar la bombilla en este plano.

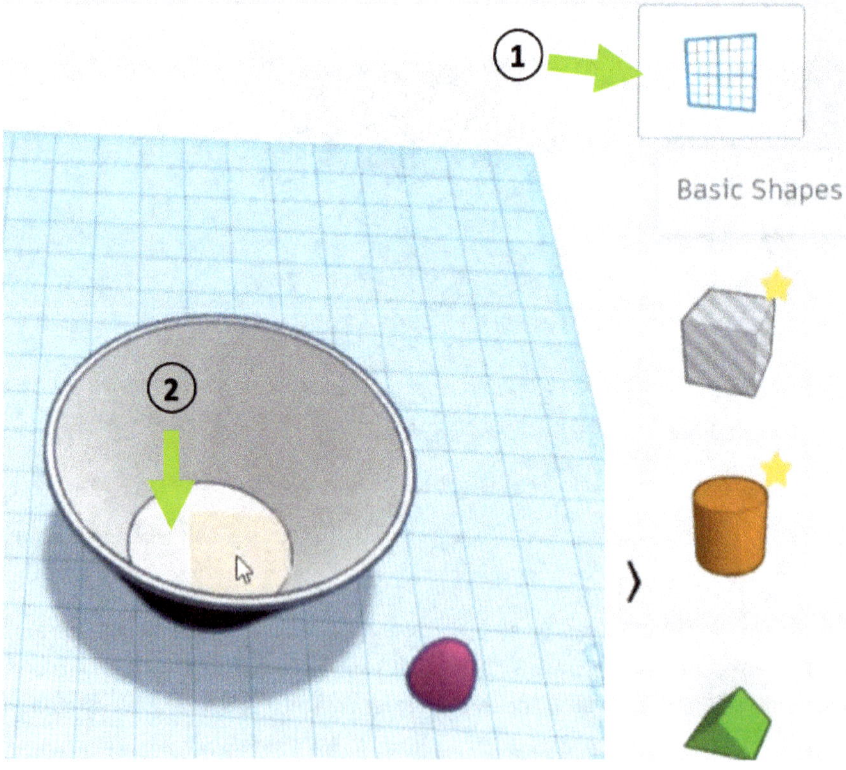

Para centrar volvemos a utilizar la función "Align" *(flecha 1)* y hacemos clic sucesivamente en los puntos de alineación indicados *(flechas 2 y 3)*.

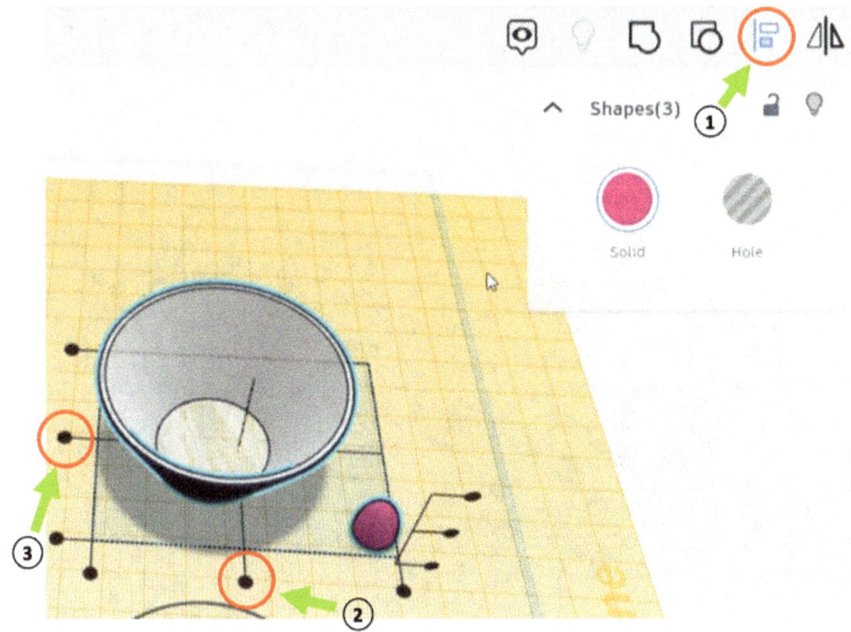

A continuación, volvemos a pulsar el botón "Workplane Tool" y el plano de trabajo para que desaparezca de nuevo el plano amarillo creado anteriormente. Dependiendo de si la linterna debe estar encendida o apagada, también podemos establecer el color de la bombilla en gris o amarillo.

Para poder terminar la pantalla de la lámpara, necesitamos de nuevo la función "Workplane Tool". La utilizamos para colocar el plano de trabajo en el borde superior de la pantalla. Aquí queremos colocar la tapa.

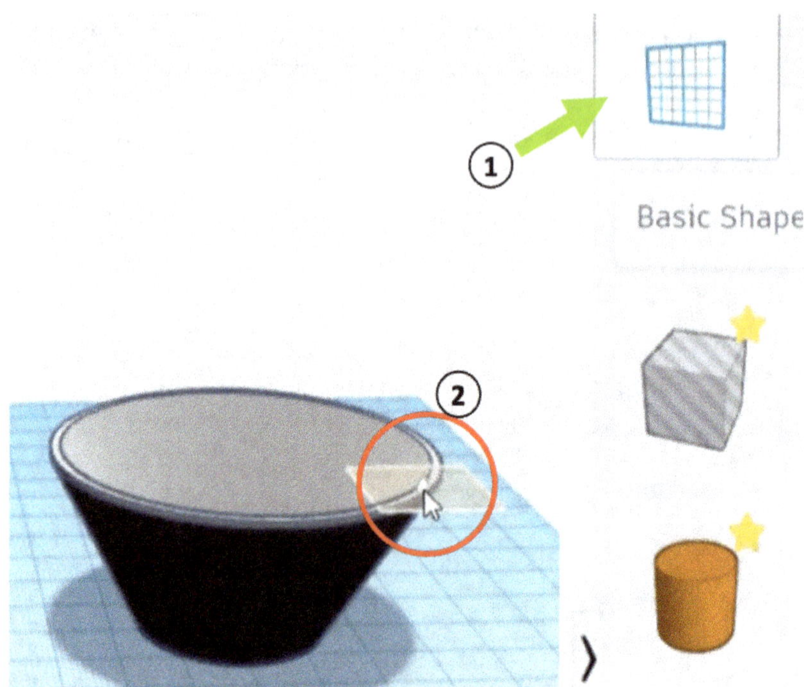

A continuación seleccionamos las dos partes de la cubierta y pulsamos la tecla "D" de nuestro teclado. Esto coloca estas partes en el plano de trabajo actual.

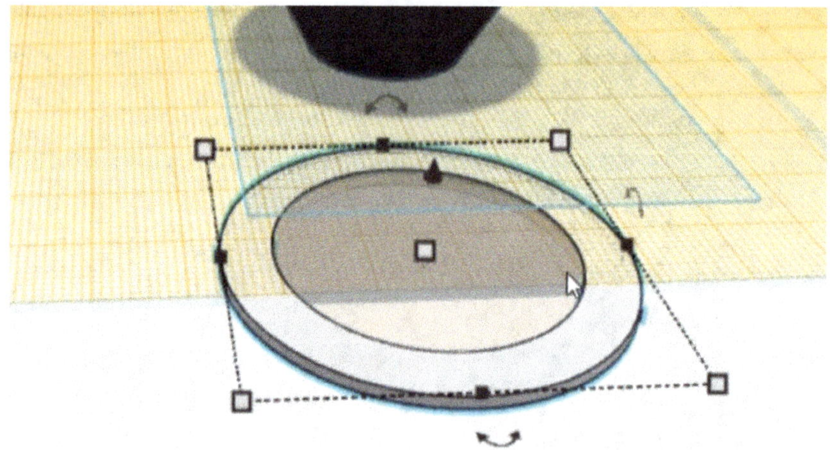

Después volvemos a hacer clic en el botón "Workplane Tool" y el plano de trabajo azul para que vuelva a desaparecer el plano amarillo creado anteriormente.

Ahora tenemos que alinear los dos elementos centrados entre sí. Lo hacemos - como siempre- con el botón "Align" *(flecha 1)* después de haber marcado ambas partes. A continuación, seleccionamos los dos puntos centrales de alineación de las dos partes *(flechas 2 y 3)*.

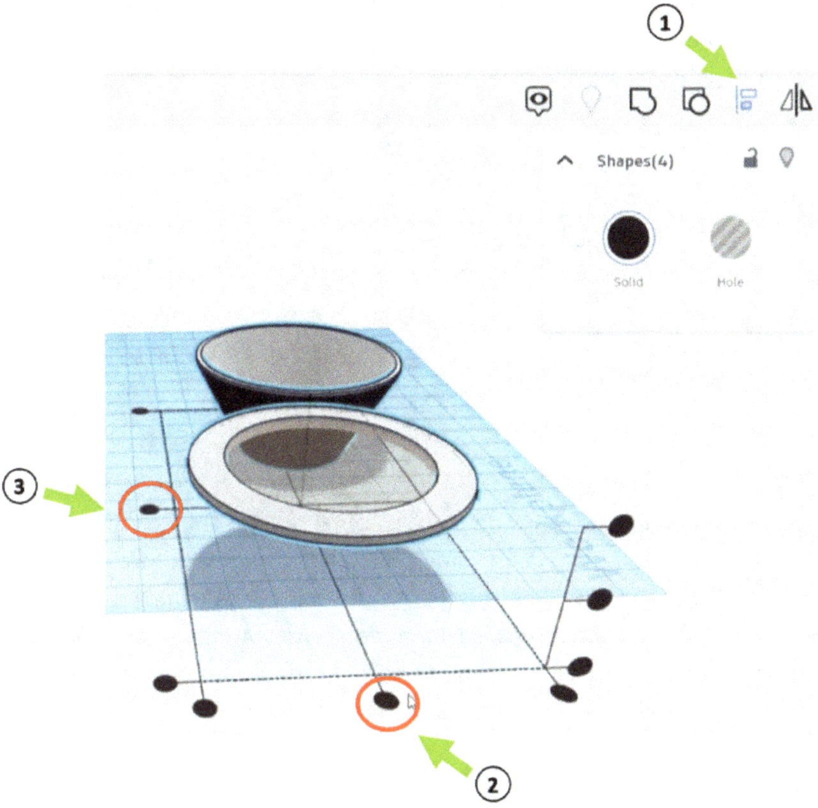

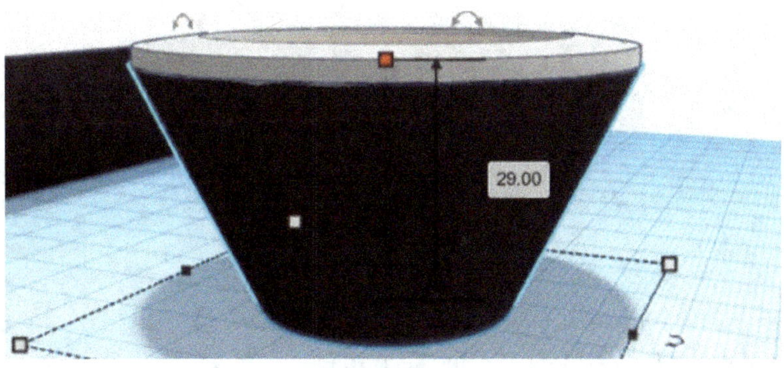

Para que ambas piezas queden enrasadas entre sí en la zona superior, aún podemos cambiar la altura de la pantalla cónica a 29 mm.

Por último, agrupamos todos los elementos de la pantalla utilizando la función "Group" después de haber seleccionado todas las piezas. Aquí tenemos que marcar la opción "Multicolor" en los ajustes de color de la pieza para que todas las piezas mantengan sus respectivos ajustes de color.

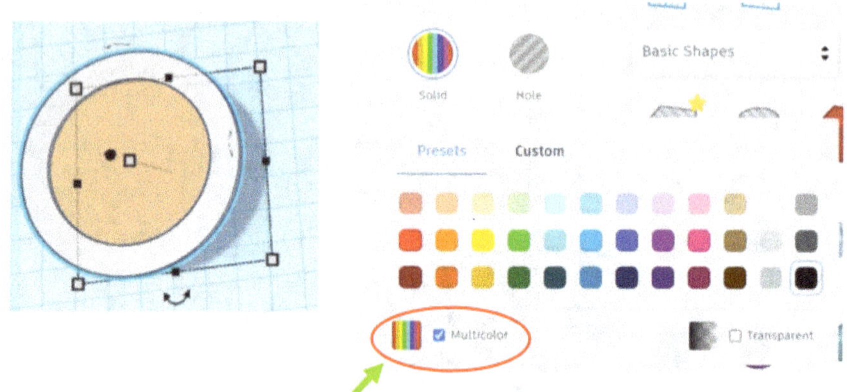

Muy bien, ¡ahora hemos recorrido un largo camino! Pero la linterna aún no está terminada. A continuación, construimos el interruptor de la antorcha. Para ello, partimos de un elemento "Box" *(flecha 1)*, que colocamos en una zona libre del plano de trabajo y modificamos a 10 mm de ancho y 4 mm de alto *(flechas 2)*. Podemos dejar la longitud en 20 mm (flecha 2*)*. En los ajustes también cambiamos el radio a 1 mm (flecha 3*)*. Luego copiamos el elemento (flecha 4*)*.

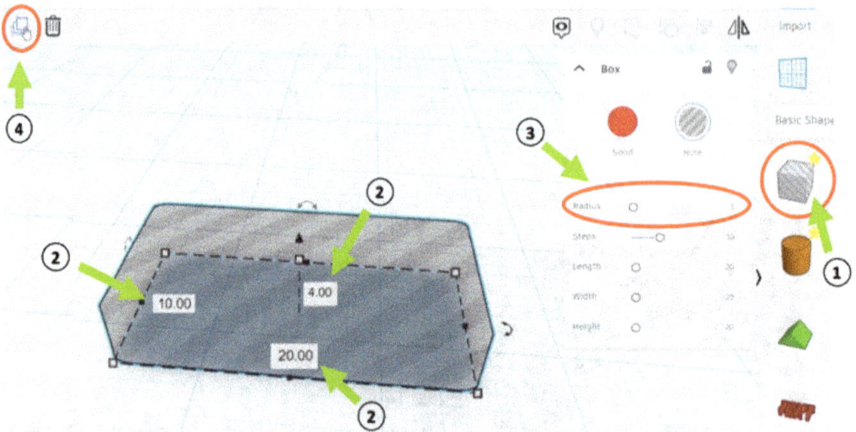

Movemos el elemento copiado y lo convertimos en sólido haciendo clic en "Solid" en los ajustes *(flechas 1 y 2)*. Dejamos el otro elemento en los ajustes en "Hole" y cambiamos su anchura a 8 mm y su longitud a 16 mm *(flechas 3 y 4)*. Podemos dejar la altura como está.

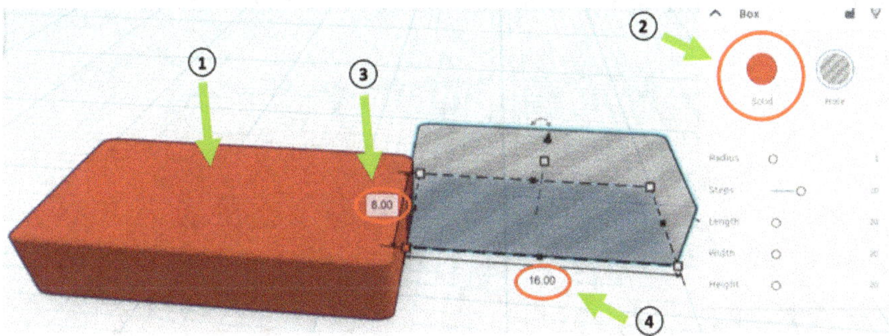

Después seleccionamos ambos elementos y los centramos con la función "Align" utilizando los puntos de alineación indicados.

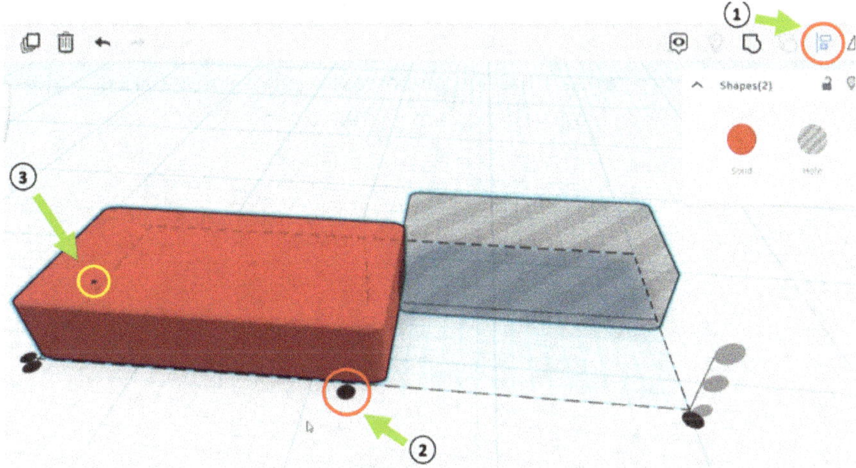

A continuación, movemos el cuboide rojo 1 mm hacia abajo con el ratón del PC.

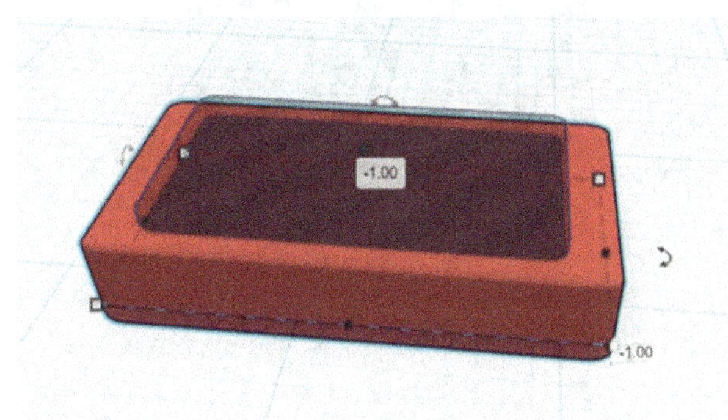

Después marcamos ambas piezas y volvemos a llevar su parte inferior al plano de trabajo pulsando el botón "D". Ahora tenemos que tirar 1 mm hacia arriba del elemento que crea el recorte para que se asiente correctamente.

A continuación, duplicamos el elemento de corte de la forma habitual y lo desplazamos un poco hacia arriba. Agrupamos las otras dos partes para que se cree el recorte. No dudes en intentarlo primero por tu cuenta.

Ahora viene la solución:

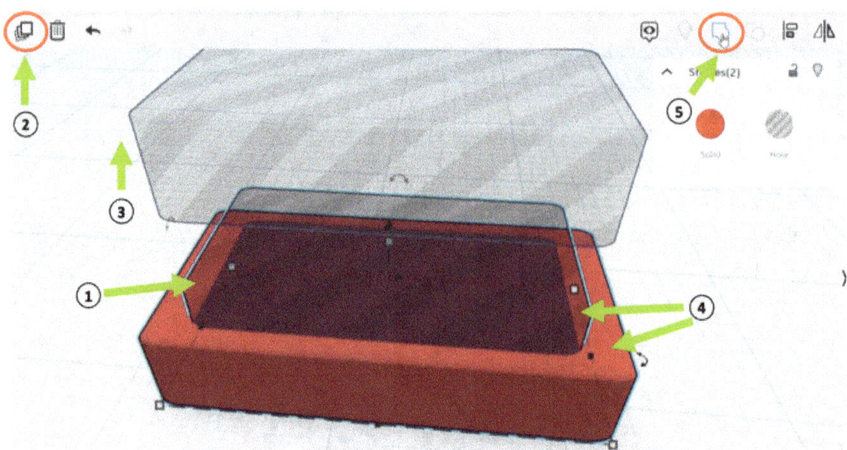

A continuación creamos un plano dentro de la caja utilizando la función "Workplane Tool" y haciendo clic dentro de la caja.

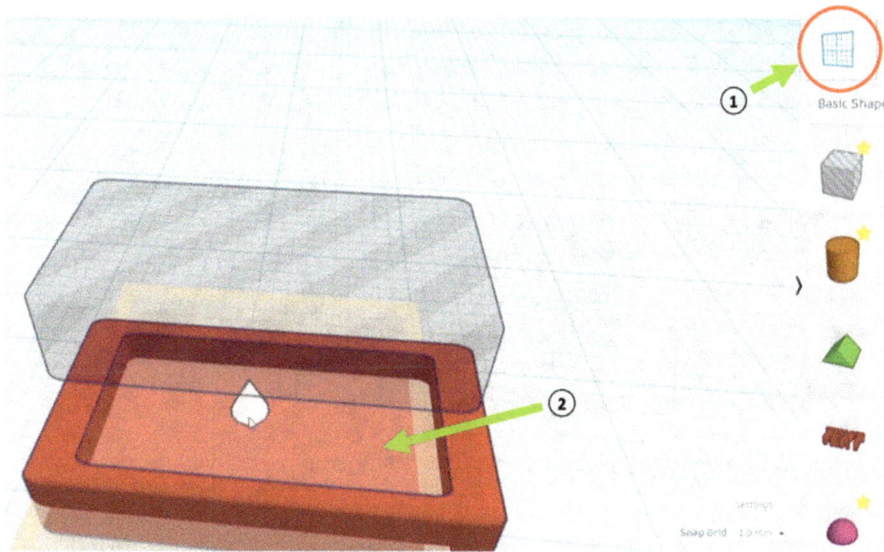

A continuación, seleccionamos el elemento que pasa por encima de nuestro sólido rojo y pulsamos la tecla "D" de nuestro teclado para que se sitúe en el plano de trabajo.

También cambiamos la anchura del elemento a unos 8 mm y lo convertimos en un sólido negro.

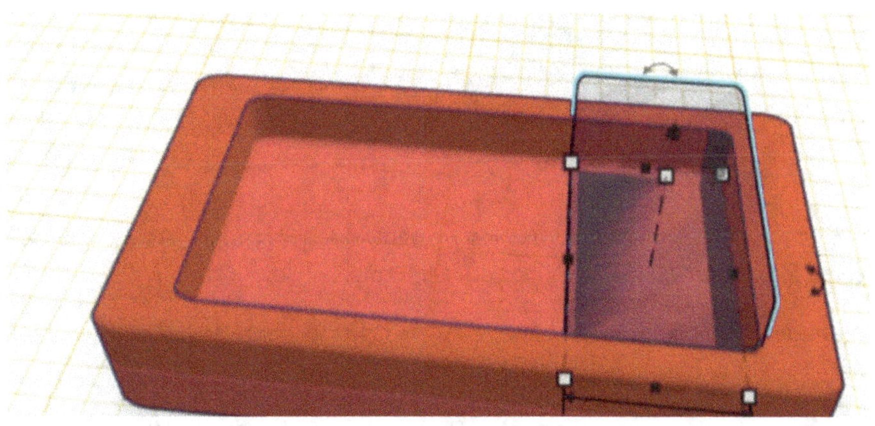

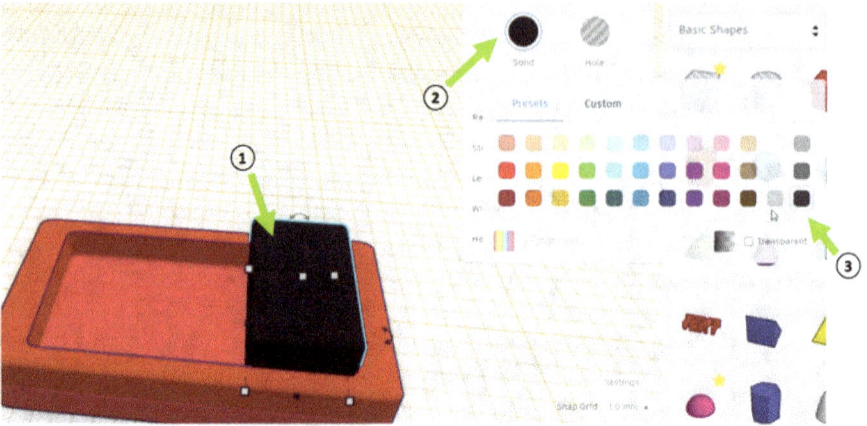

También cambiamos el color de la carcasa, por ejemplo a blanco.

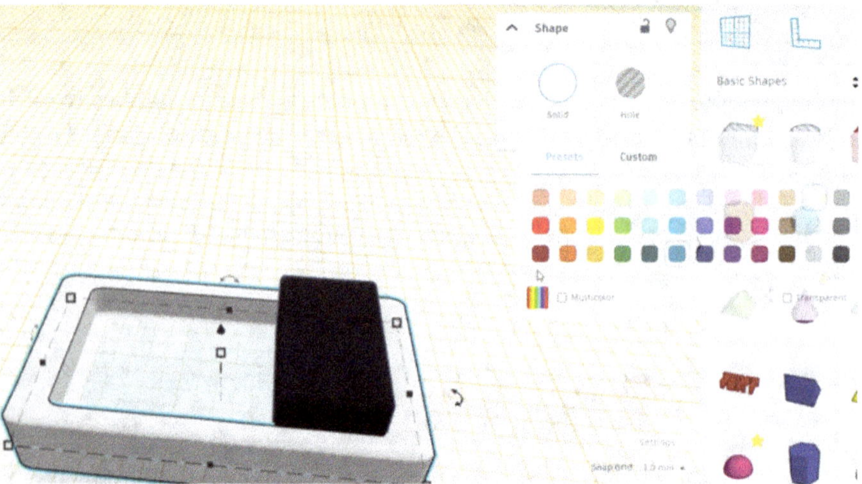

A continuación, agrupamos todos los elementos del interruptor. Aquí debemos - como hicimos antes- marcar la opción "Multicolor" en los ajustes.

Antes de ensamblar todas las piezas construidas hasta ahora en una antorcha, aún necesitamos una pieza de conexión en forma de cono.

Creamos esta pieza con el elemento "Cone" *(flecha 1)*. Las dimensiones de la base deben ser de 42 mm cada una *(flecha 2)*, la altura debe ser de 63 mm *(flecha 3)*. También cambiamos el color, por ejemplo, a blanco (flecha 4*)*.

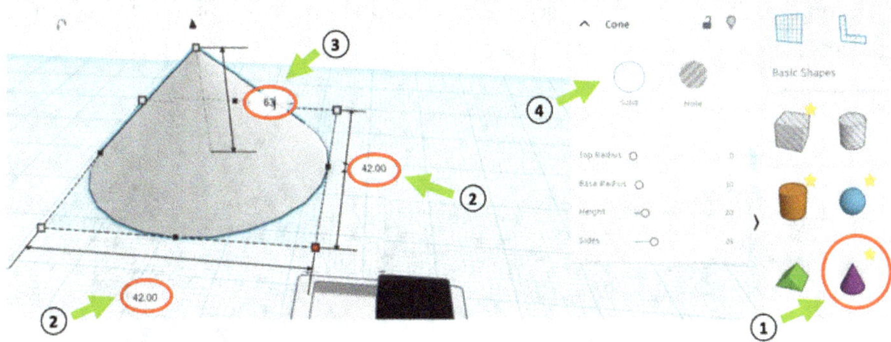

A continuación, giramos este cono -90 grados alrededor de su centro, en el sentido contrario a las agujas del reloj.

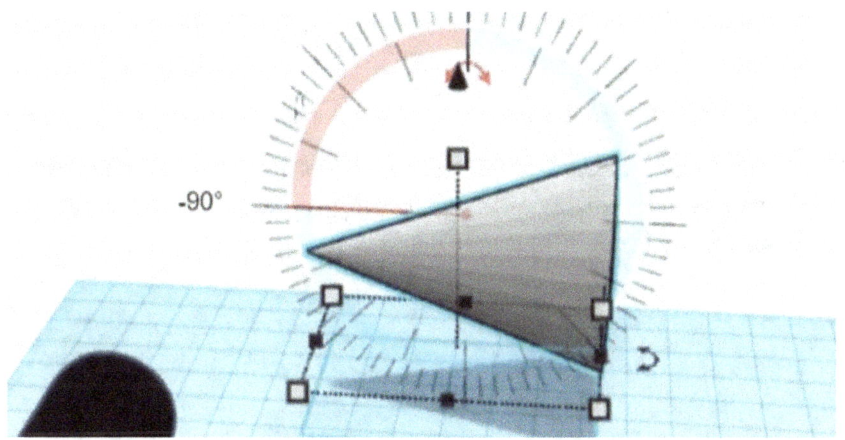

También hacemos este giro con la pantalla de la lámpara. Pero aquí giramos +90 grados, es decir, en el sentido de las agujas del reloj.

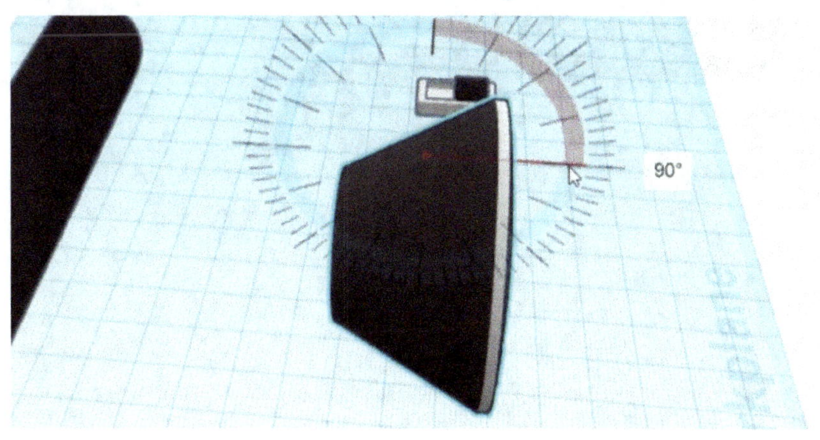

A continuación, giramos también la empuñadura hasta la posición correcta. Esto lo conseguimos girándola +90 grados alrededor del eje vertical de la pieza.

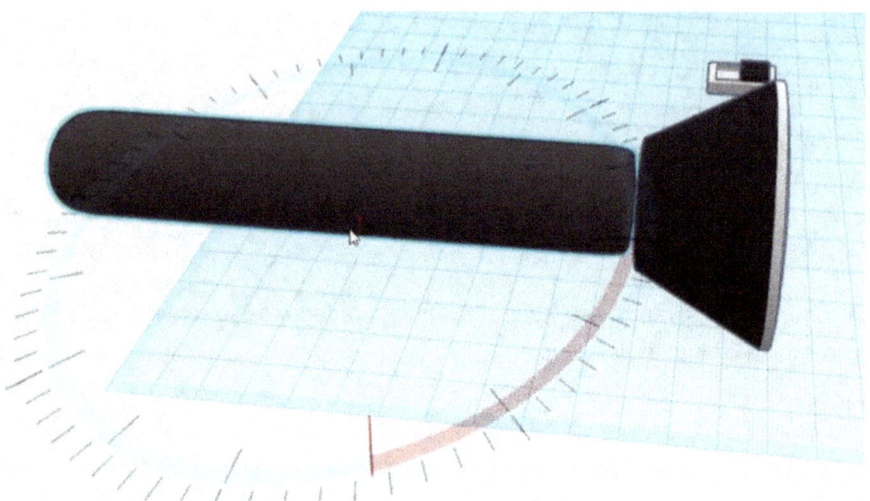

Para alinear todas las piezas en una línea, seleccionamos todas las piezas excepto el interruptor y luego utilizamos la función "Align". Para ello, hacemos clic en los puntos de alineación que se muestran uno tras otro.

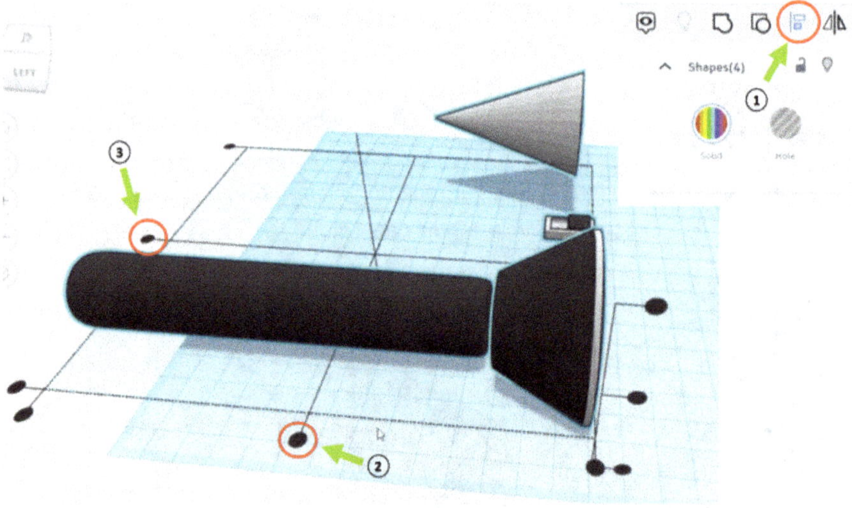

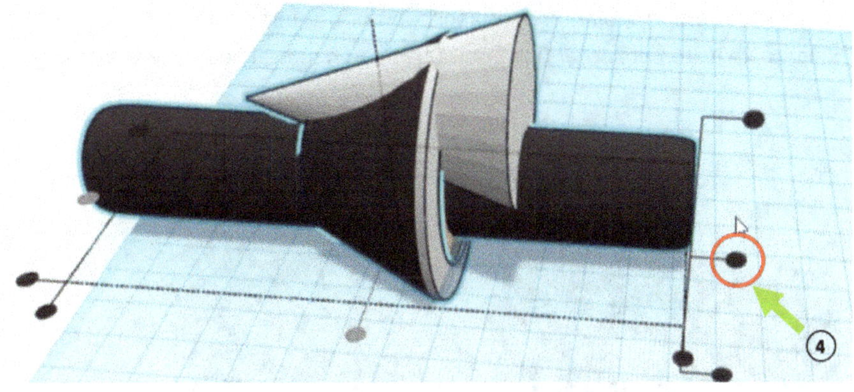

Si la alineación ha funcionado correctamente, las piezas deben estar ahora concéntricas entre sí en un eje.

A continuación, desplazamos la pantalla hacia delante, de modo que quede un pequeño hueco entre la pantalla y el asa.

A continuación, empujamos también la pieza de unión en forma de cono hacia delante, lo justo para crear una bonita transición entre la pantalla y el asa.

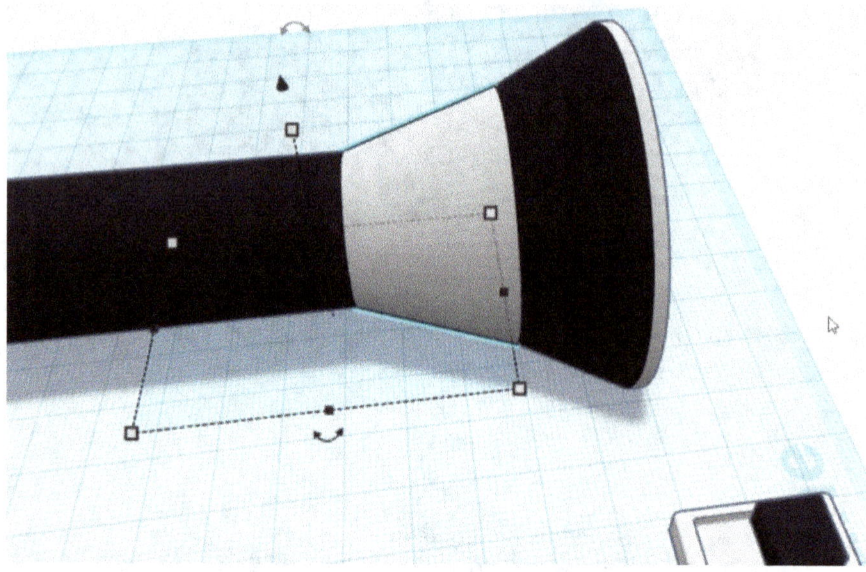

Para montar el interruptor, utilizamos el comando "Workplane-Tool", con el que colocamos un plano en la parte superior del mango.

Tras hacer clic en el interruptor y pulsar la tecla "D" del teclado, el interruptor se coloca en la capa. Ahora podemos mover el botón a la posición deseada dentro de la capa. Puedes hacerlo a mano alzada y elegir cualquier posición.

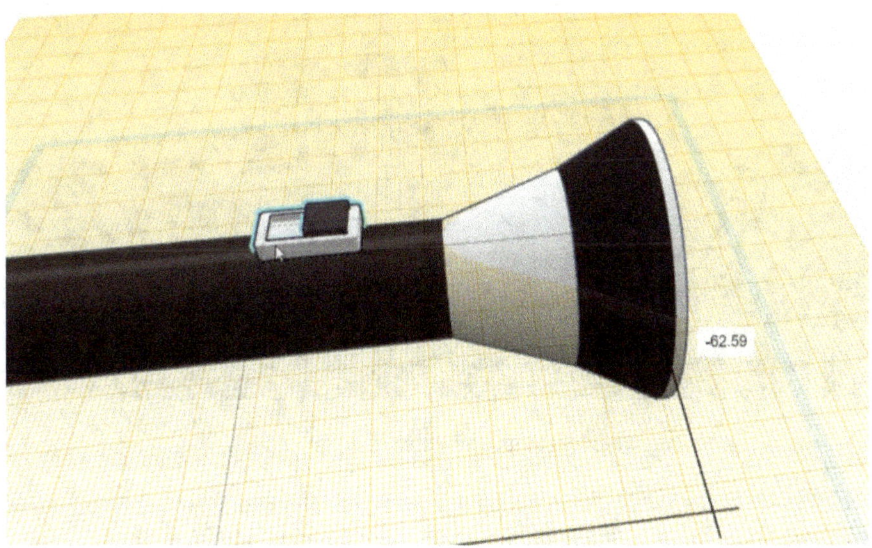

Después de reajustar el plano de trabajo al plano normal, utilizamos la función "Align" para alinear el interruptor en función de la empuñadura. Para ello, primero seleccionamos el interruptor y la linterna. A continuación, volvemos a hacer clic en el mango de la linterna y, después, en el punto de alineación que se muestra en la zona posterior.

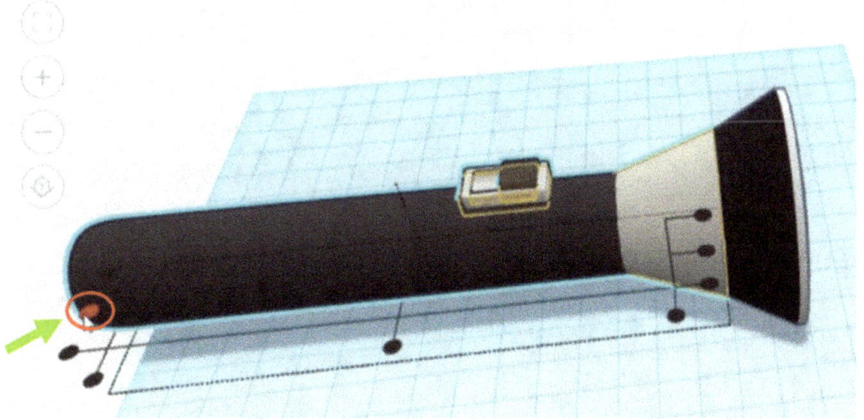

Para que el interruptor de encendido/apagado quede un poco más bajo, lo desplazamos unos 2 mm hacia abajo.

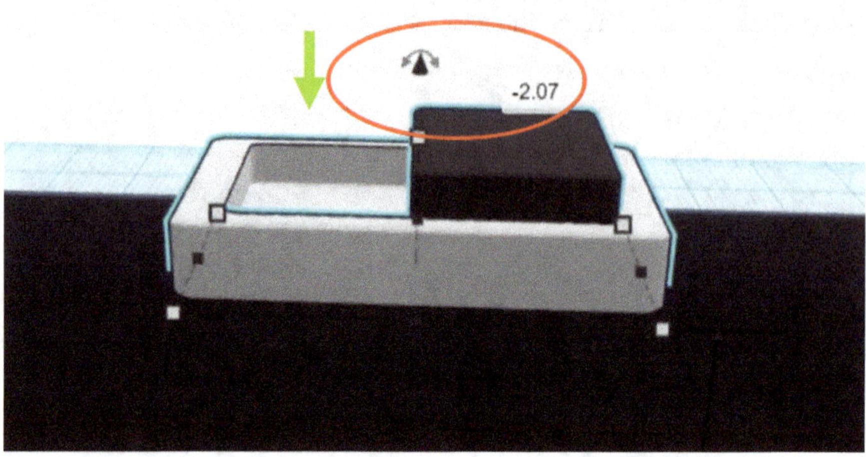

Y el soplete está listo. ¡Perfectamente hecho!

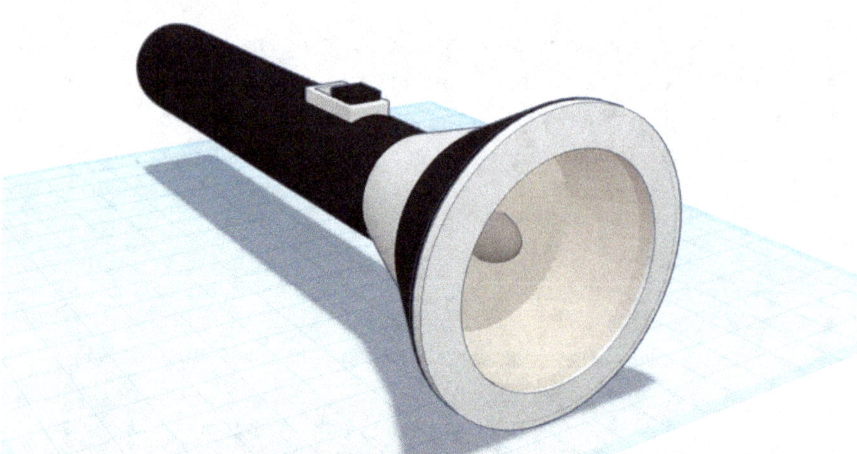

En este proyecto hemos aprendido una vez más algunas cosas que te ayudarán en tus futuras construcciones. Pasemos al siguiente proyecto. Por supuesto, antes puedes tomarte un descanso si quieres.

Capítulo 5 | Modelo 3D Proyecto 3: Monopatín

Nuestro tercer proyecto conjunto de este curso será un poco más sencillo que los dos modelos 3D anteriores. Sin embargo, sigue siendo un ejemplo excelente e instructivo. En este capítulo diseñaremos un monopatín que tendrá este aspecto.

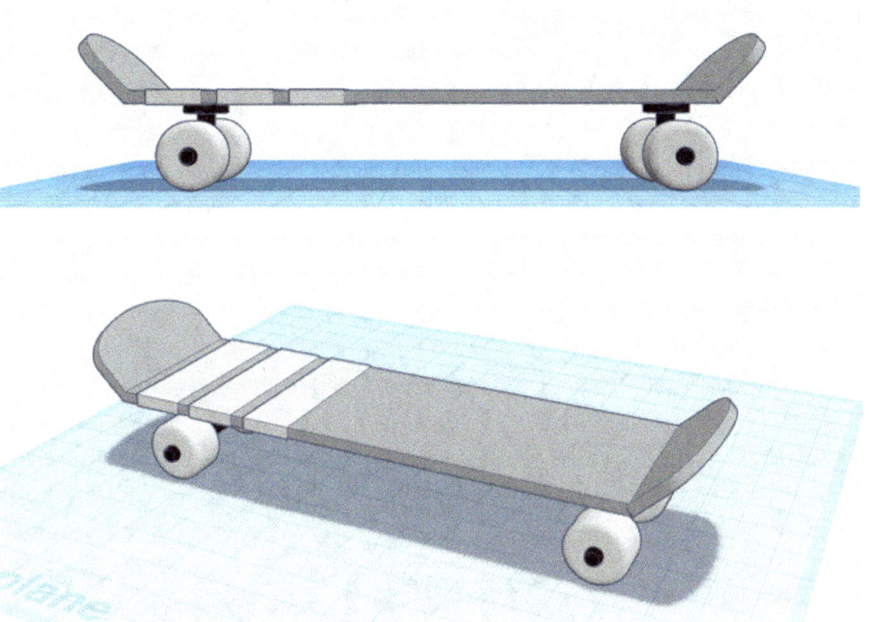

Por supuesto, si quieres, puedes volver a copiar el proyecto en tu propia cuenta. Aquí tienes el enlace:

https://tinyurl.com/3akkvask

Como de costumbre, creamos un nuevo proyecto para ello. Funciona de la misma manera que los proyectos anteriores y ya debería ser rutinario.

En este nuevo archivo empezamos primero con la placa base del monopatín. Para ello, creamos un cuboide de 132 mm de largo, 43 mm de ancho y 2,5 mm de alto *(flechas 2)* con el elemento "Box" *(flecha 1)*. En este paso, también cambiamos el color a un tono gris *(flecha 3)*.

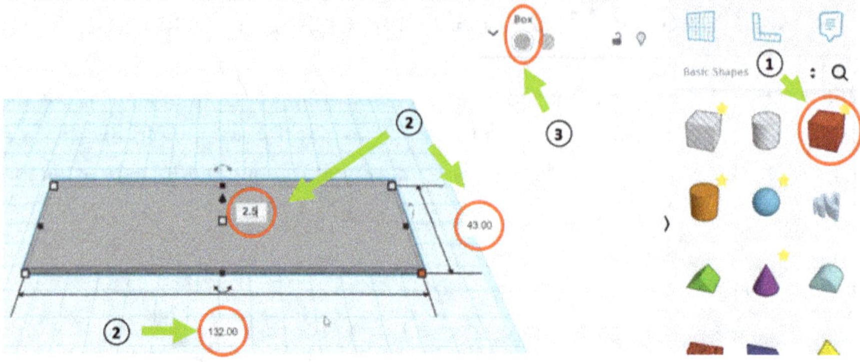

En el siguiente paso copiamos la pieza que acabamos de crear con el comando "Duplicate and repeat" y acortamos la longitud de la pieza duplicada a 10 mm.

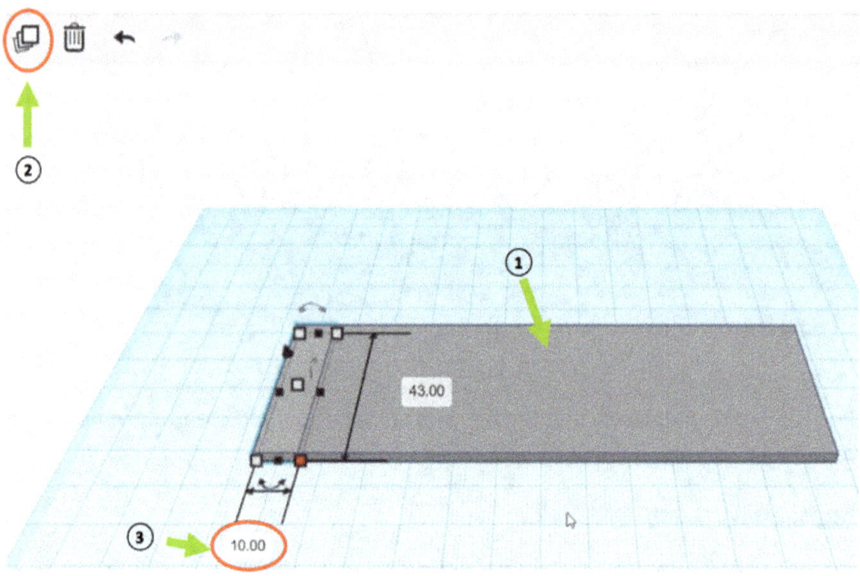

Tras desplazar ligeramente hacia un lado una de las dos partes, añadimos un medio cilindro seleccionando el elemento "Round Roof".

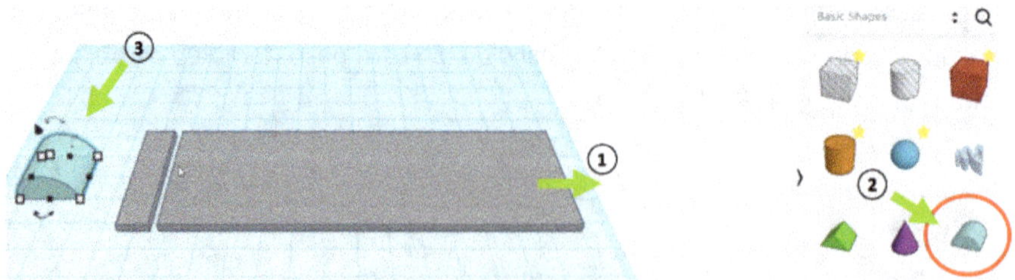

Giramos este elemento 90 grados dos veces seguidas para que quede como se muestra. Utilizamos dos ejes diferentes para las rotaciones.

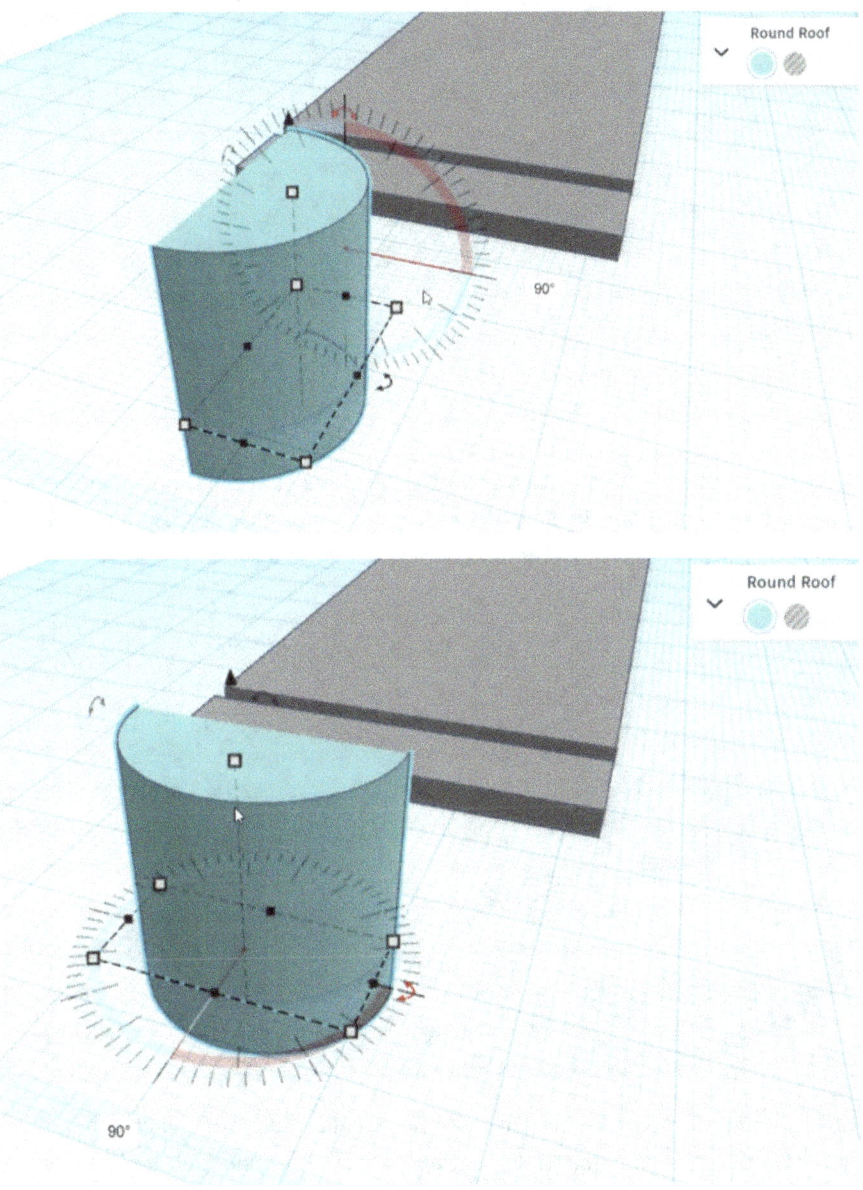

A continuación, cambiamos la altura del elemento a 2,5 mm y la anchura a 43 mm. Este elemento será la pieza final del monopatín, quizá ya puedas verlo.

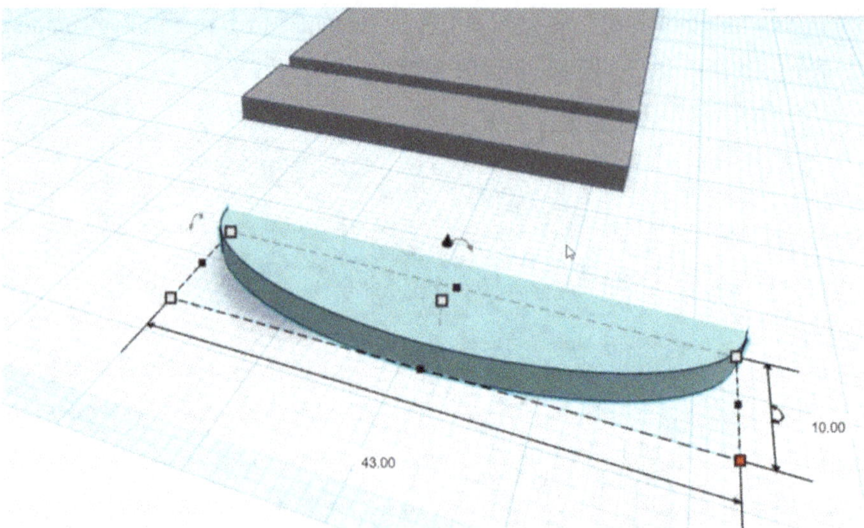

A continuación conectamos las tres partes individuales creadas hasta ahora. Para ello, primero colocamos un plano de trabajo en la superficie representada *(flechas 1 y 2)*, hacemos clic en el elemento cuboide estrecho y pulsamos la tecla "D" del teclado *(flecha 3)*.

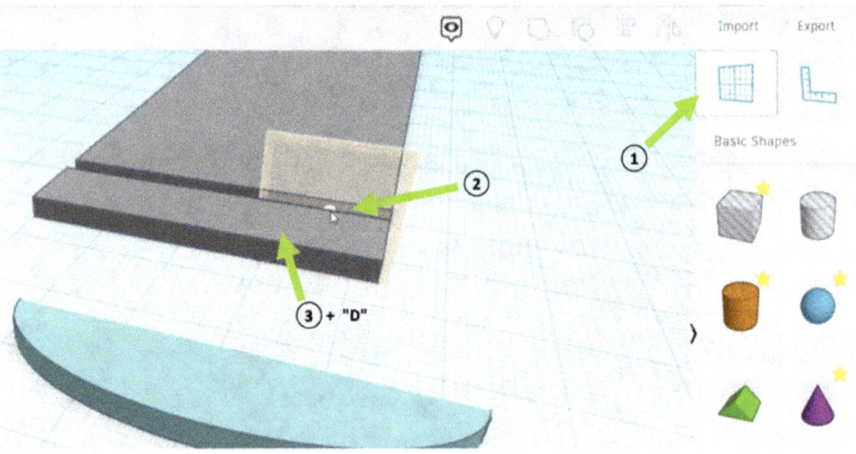

Utilizando el mismo procedimiento, también realizamos este enlace con la pieza final azul claro del monopatín. La diferencia está en la selección de la superficie para el plano de trabajo y la posterior selección de la pieza azul claro.

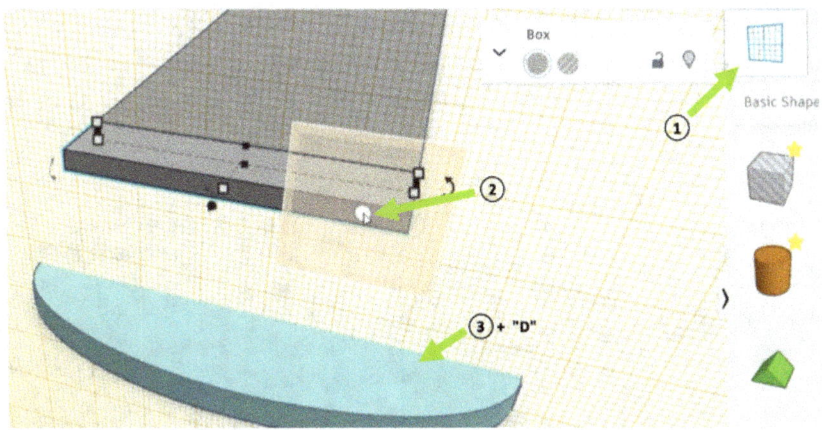

Una vez seleccionados todos los elementos, podemos colocarlos correctamente. Para ello, seleccionamos la función "Align" y el punto de alineación mostrado. También agrupamos los dos elementos estrechos para que se conviertan en una sola pieza final (en gris).

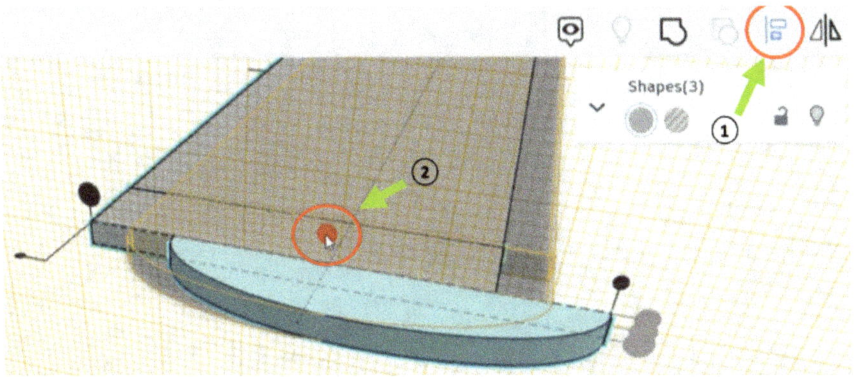

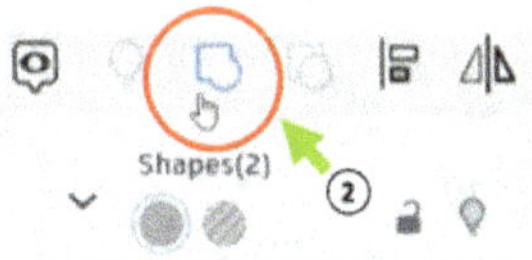

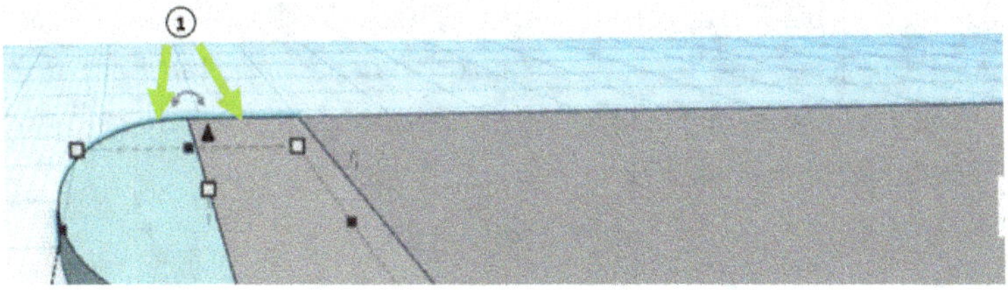

Como este gris parece ahora un poco oscuro, puedes, si quieres, añadir un tono más claro de gris a ambas partes, o elegir un color de tu elección.

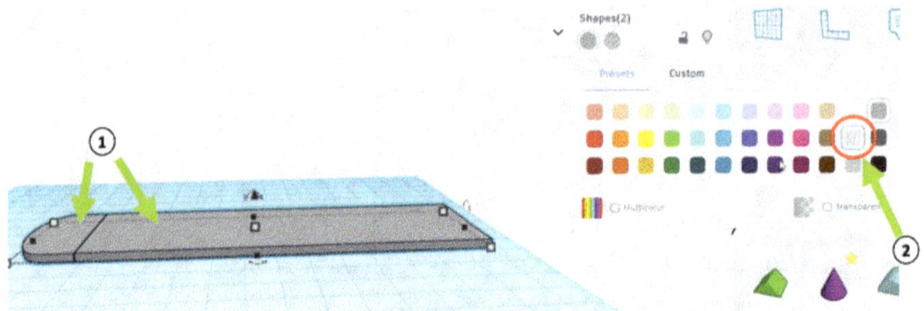

A continuación, giramos la pieza final -45 grados para que apunte hacia arriba formando un ángulo como el que se muestra y damos al cuerpo base del monopatín un radio de 0,1 para que los bordes queden ligeramente redondeados.

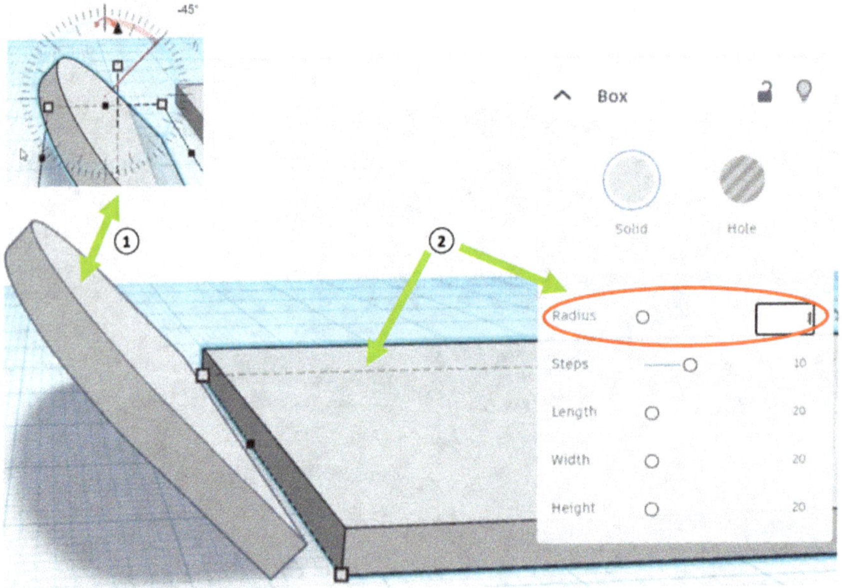

Después de haber movido la pieza final hacia el cuerpo base para que encaje razonablemente bien, duplicamos y reflejamos la pieza final utilizando las funciones "Duplicate and repeat" y "Mirror". Puedes intentarlo por tu cuenta. Tenemos que reflejar para que la pieza resultante encaje en el otro lado. Los pasos de la solución seguirán en breve.

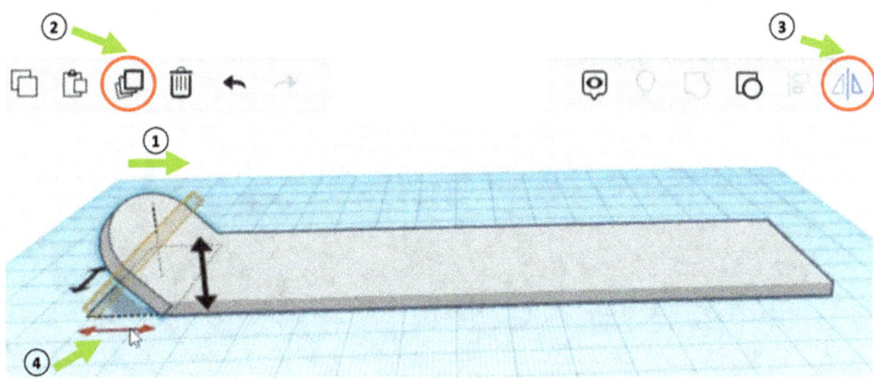

A continuación, empujamos la segunda pieza final resultante hacia el otro extremo del monopatín utilizando la tecla de flecha de nuestro teclado.

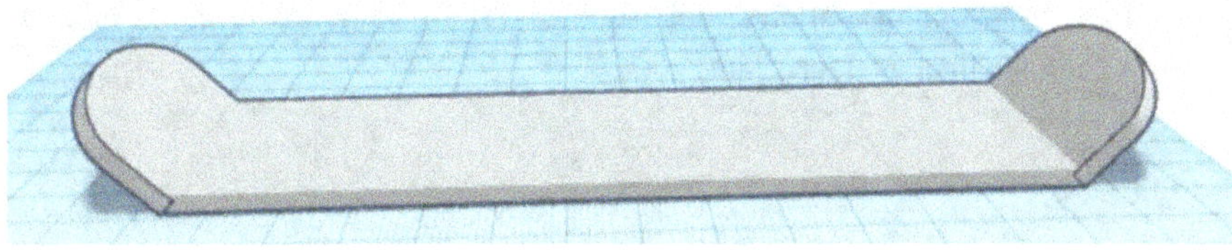

A continuación, creamos las rayas que decorarán la superficie superior de nuestro monopatín. Para ello, duplicamos la parte central del monopatín. A continuación, cambiamos la anchura del duplicado a 43,5 mm, la longitud a unos 30 mm y la altura a 3 mm.

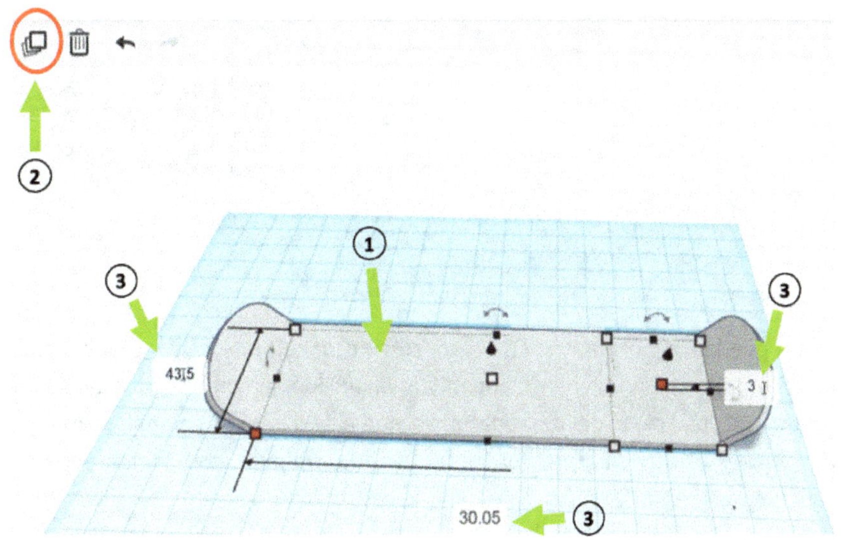

Después de cambiar el color de la pieza a negro y alinearla con la función "Align", reducimos un poco más la anchura, por ejemplo a unos 12 mm.

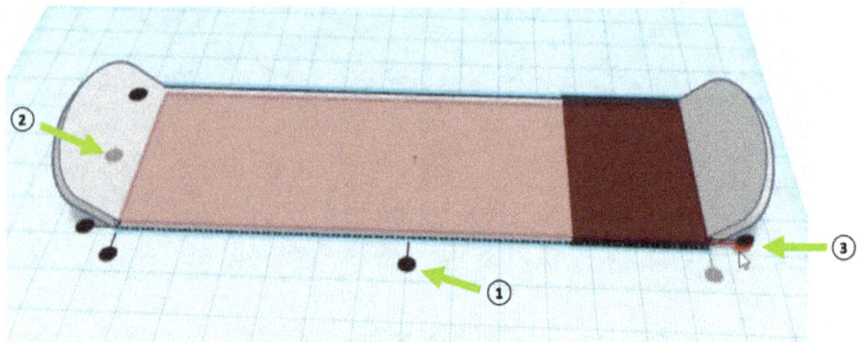

Después movemos la pieza un poco hacia la izquierda y creamos dos copias más con la función "Duplicate and repeat", que también movemos un poco hacia la izquierda con las flechas del teclado.

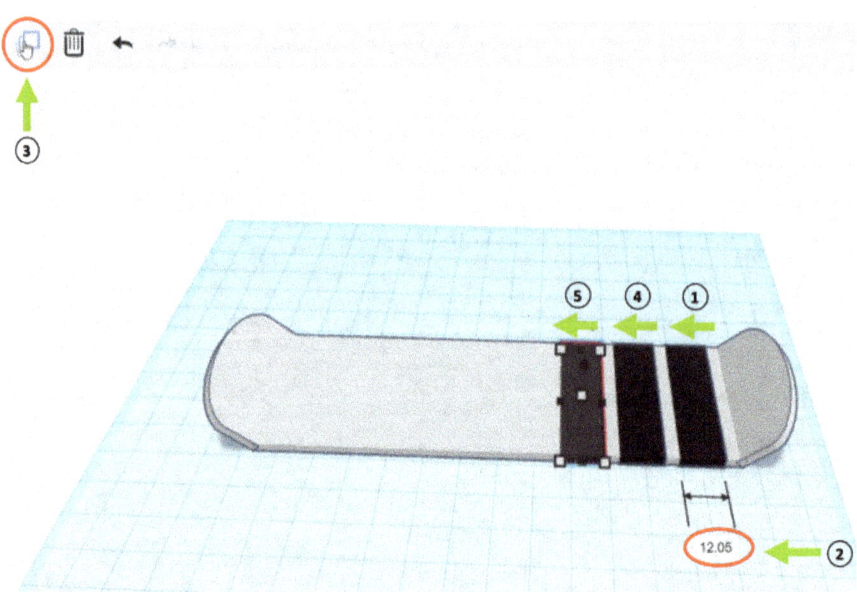

Ahora puedes dejar las rayas en negro, elegir otro color de tu elección o, como en este ejemplo, elegir un color blanco. Para la edición, el color negro tenía el mejor contraste con el resto del monopatín, así que elegimos este color en primer lugar. Un contraste alto siempre te ayuda cuando trabajas con varias partes casi congruentes.

A continuación, agrupamos todas las piezas que hemos creado hasta ahora. Luego tenemos que marcar la opción "Multicolor" en los ajustes para que se conserven los colores de las piezas individuales.

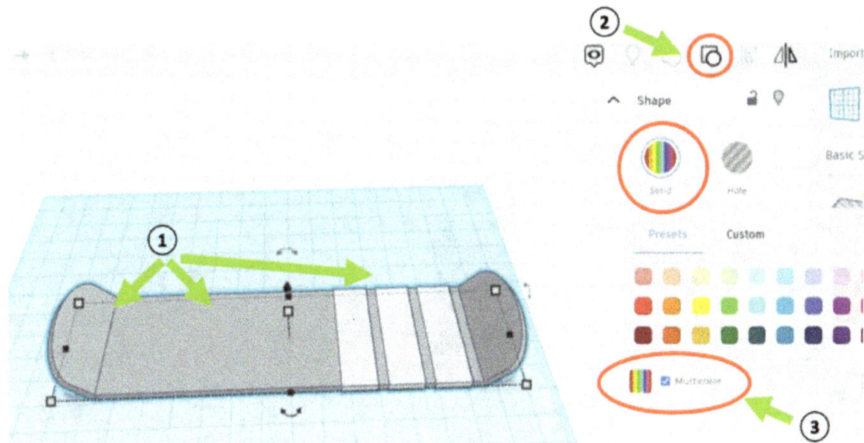

A continuación nos ocupamos de las ruedas del monopatín. Para ello elegimos la pieza cilíndrica "Cylinder". Definimos la longitud y la anchura con 15 mm cada una y la altura con 10 mm. Además, ajustamos todos los valores de las opciones "Sides", "Bevel" y "Segments" a los valores máximos (64, 2,5 y 10).

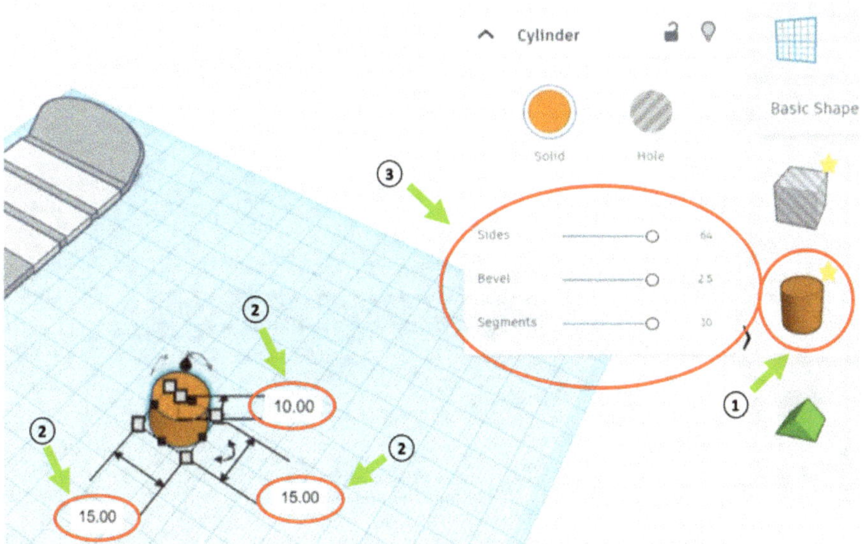

Luego duplicamos esta pieza con el comando "Duplicate and repeat" y creamos a partir de ella un eje para las ruedas del monopatín. Para ello, simplemente cambiamos la anchura y la longitud del duplicado a 4 mm. También cambiamos la altura, por ejemplo a 45 mm. Probablemente ya puedas hacerlo por ti mismo. También puedes asignar otros colores a las piezas. Por ejemplo, el eje podría ser negro y la rueda blanca.

Luego giramos el eje y la rueda 90 grados, como se muestra.

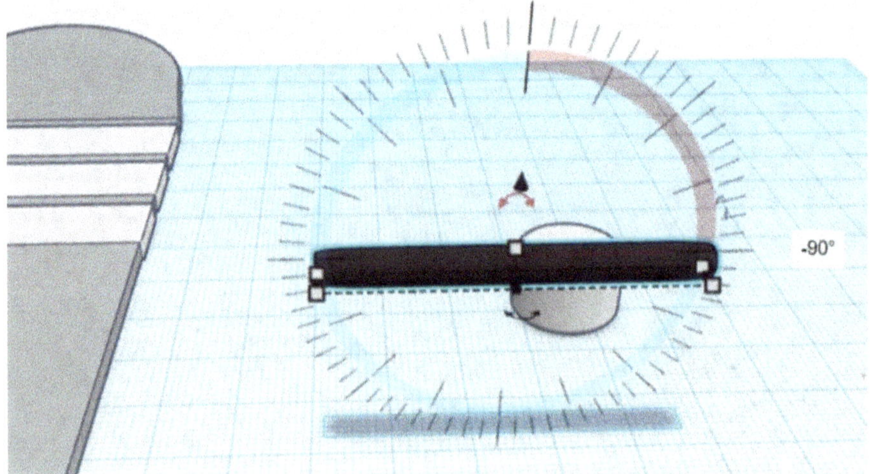

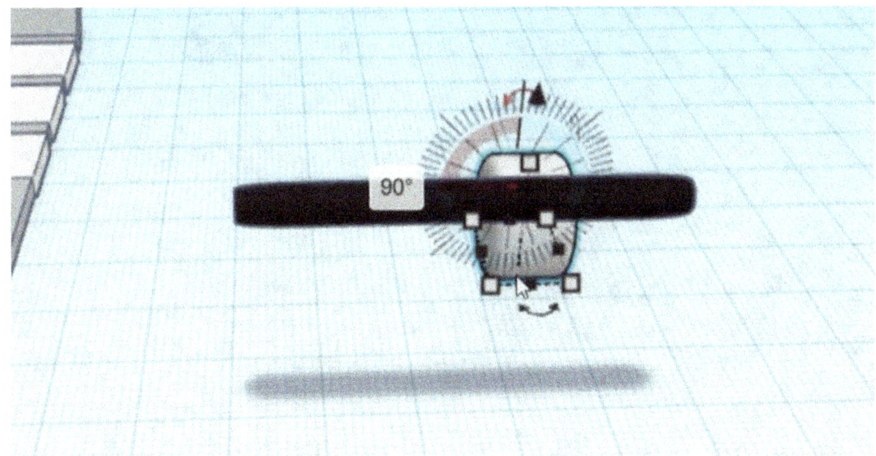

Después de duplicar de nuevo la rueda, podemos alinear el eje y ambas ruedas entre sí. Lo hacemos -como de costumbre- con la función "Align" y un clic en cada uno de los puntos de alineación mostrados. Después de seleccionar las piezas, podemos colocarlas en el plano de trabajo haciendo clic en el botón "D".

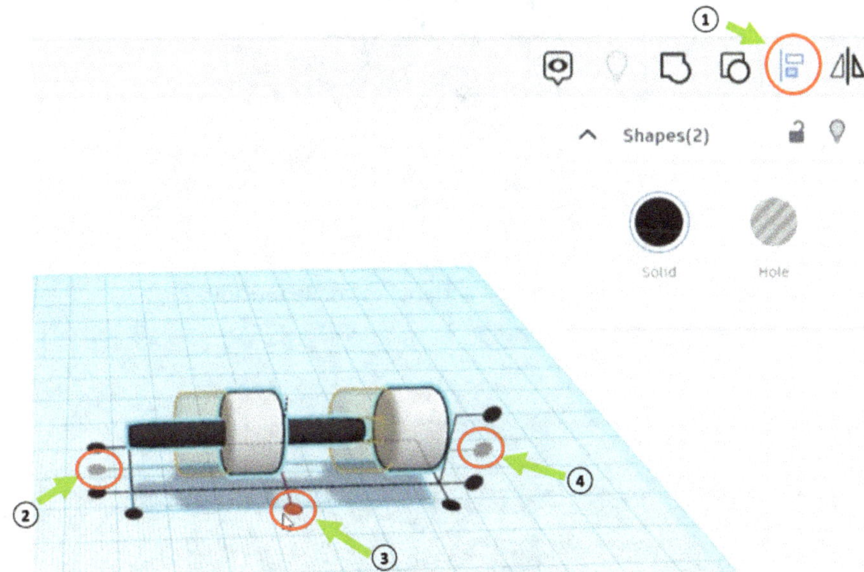

Ahora necesitamos una pequeña pieza vertical para fijarla al monopatín. Para ello, duplicamos el eje, giramos esta pieza 90 grados y acortamos la longitud de la pieza a 12 mm. Para que se asiente correctamente sobre el eje del monopatín, simplemente tiramos de ella hacia arriba unos 7 mm.

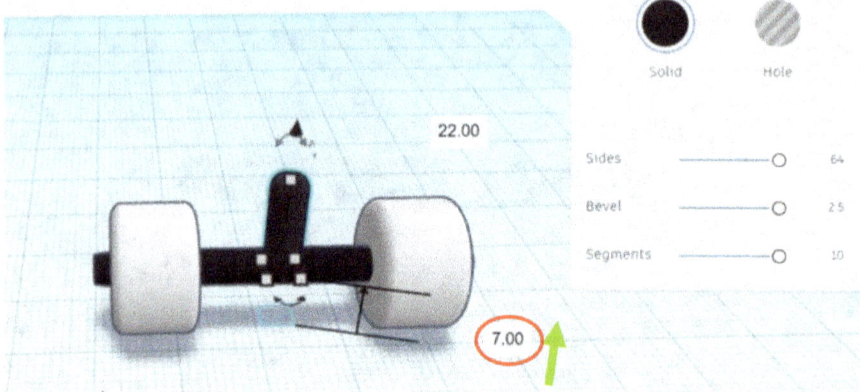

A continuación, volvemos a duplicar esta pieza para seguir obteniendo una superficie de apoyo ovalada para el monopatín. Fijamos la longitud en 20 mm, la anchura en 10 mm y la altura en 2 mm.

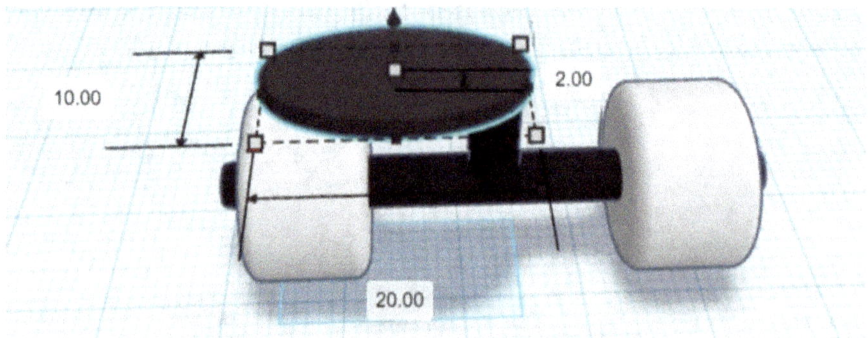

Después márcalo todo y alinéalo correctamente con la función "Align".

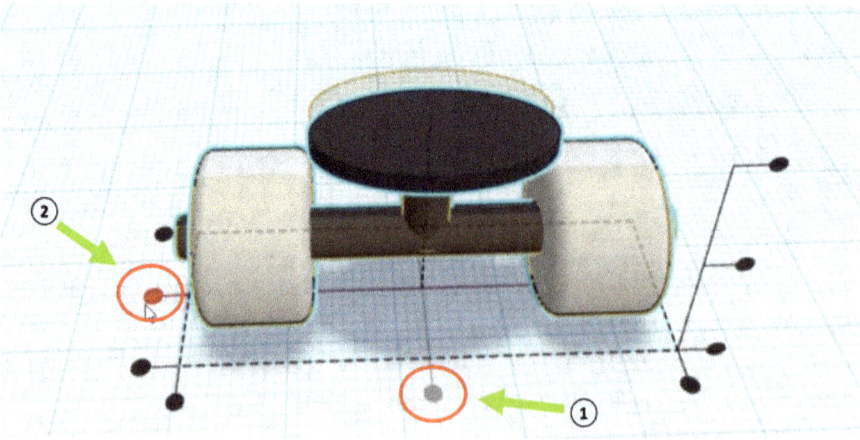

Como ahora la parte ovalada está todavía un poco demasiado alta, la bajamos unos -3 mm para que no quede ningún hueco.

A continuación, agrupamos todas las piezas del chasis. Aquí tienes que volver a marcar la opción "Multicolor" para que se conserven los colores de las piezas individuales.

A continuación, podemos montar la tabla del monopatín en la pieza ovalada. Para ello, seleccionamos la función "Workplane Tool" y hacemos clic en la parte superior de la pieza ovalada.

A continuación, seleccionamos el monopatín y pulsamos la tecla "D" de nuestro teclado para que el monopatín se sitúe en el plano de trabajo actual.

Una vez seleccionadas las dos piezas, podemos alinearlas entre sí utilizando la función "Align". Para ello, seleccionamos el punto de alineación mostrado.

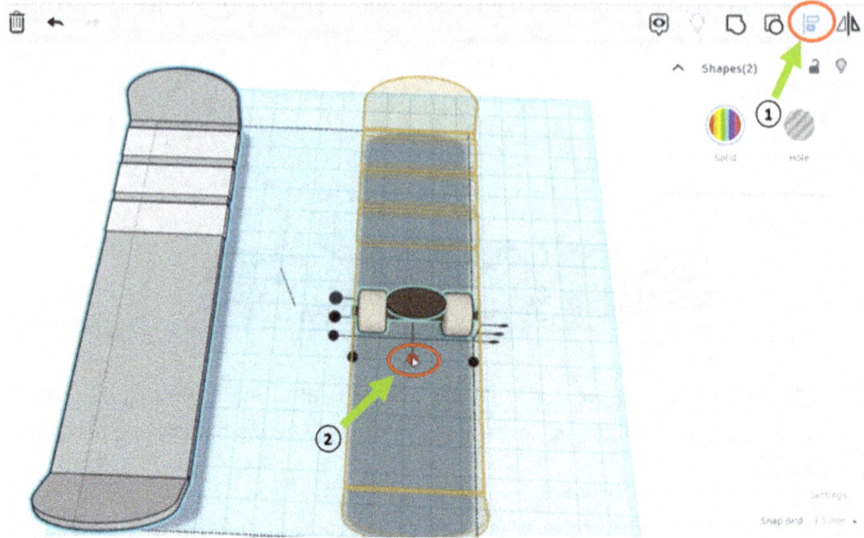

Ahora sólo tenemos que mover la pieza un poco en sentido lateral para que se asiente en la posición final (flecha 1). Luego duplicamos la pieza (flecha 2) y la movemos en la otra dirección (flecha 3). Puedes colocar las piezas simplemente a ojo.

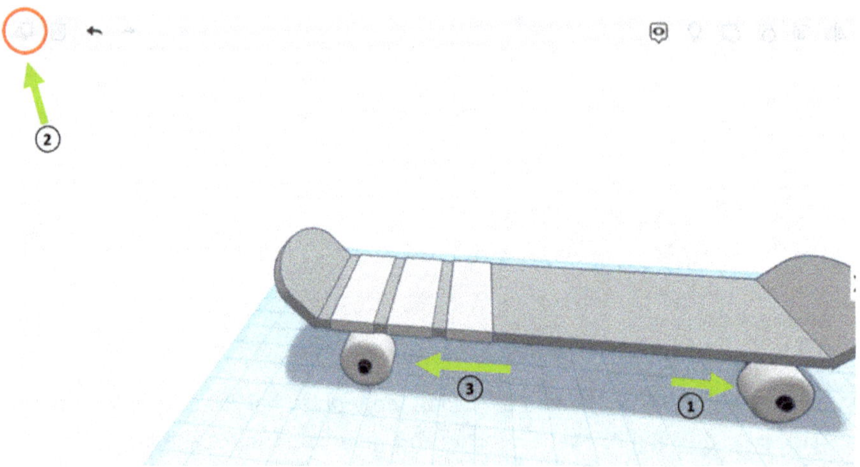

¡Nuestro tercer proyecto ya está terminado! Enhorabuena, has hecho un gran trabajo. Si quieres, podemos empezar el siguiente y último proyecto de este curso.

Capítulo 6 | Modelo 3D Proyecto 4: Trama

Nuestro cuarto y último proyecto juntos en este curso será una casa con jardín que linda con una calle y tiene una piscina en el lado opuesto.

Por supuesto, si quieres, puedes volver a copiar el proyecto en tu propia cuenta. Aquí tienes el enlace:

https://tinyurl.com/3eawebyk

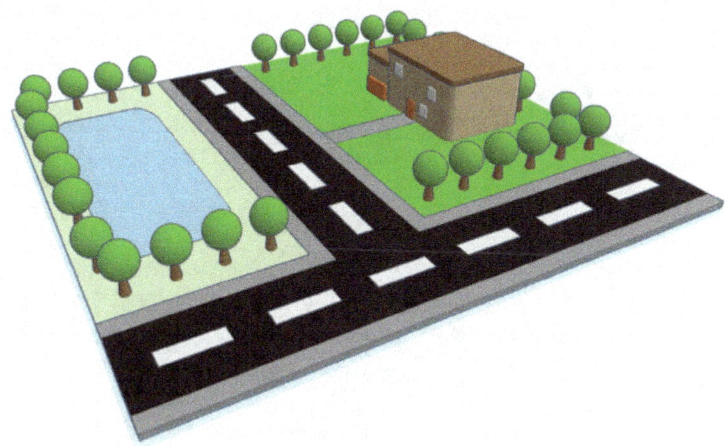

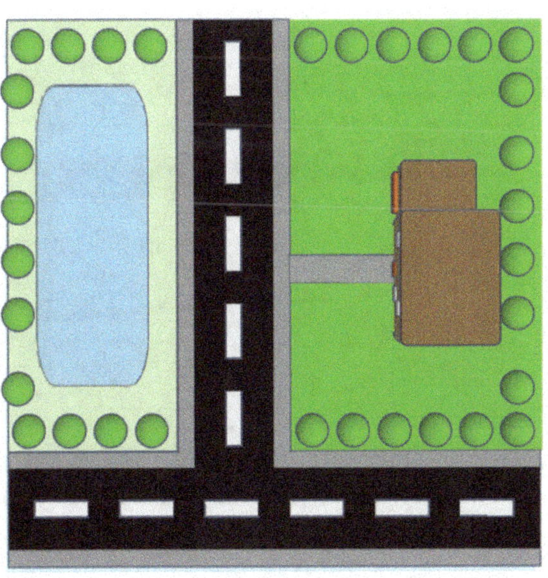

Para este proyecto, empezaremos por la carretera y luego iremos trabajando paso a paso hasta llegar al modelo acabado. Para la primera parte de la carretera, crearemos una pieza cuboide de 200 mm de largo, 2 mm de alto y 30 mm de ancho en un nuevo proyecto utilizando el elemento "Box" de color negro. Ya deberías ser capaz de hacerlo relativamente bien por ti mismo.

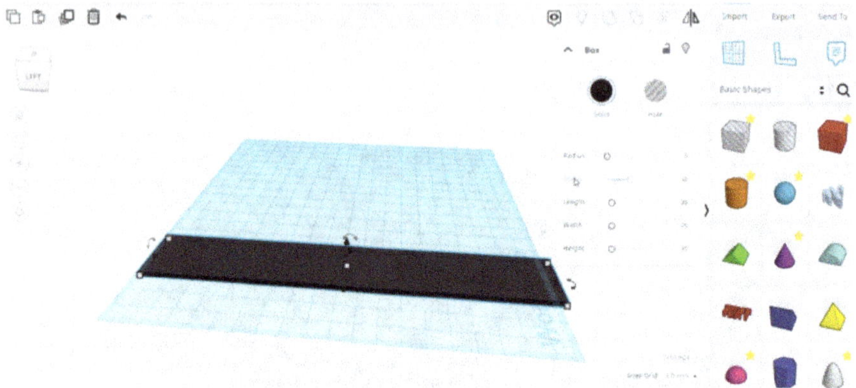

Duplicamos esta pieza utilizando la función "Duplicate and repeat", la desplazamos un poco hacia atrás y cambiamos la anchura de uno de los dos elementos a 6 mm. También cambiamos el color a gris. Éste será el borde de la calle.

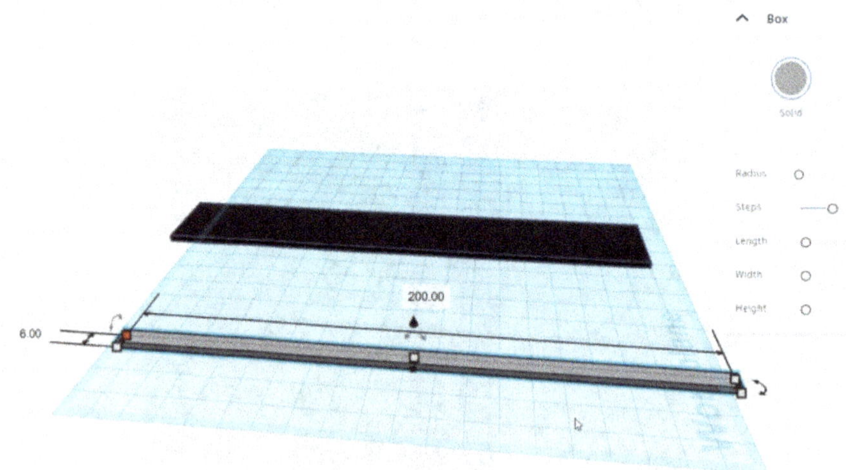

A continuación, volvemos a duplicar esta parte gris, ya que queremos uno de estos bordes a cada lado de la carretera. También podemos acercar un poco las tres partes.

El posicionamiento correcto se realiza con la función "Workplane Tool". Seleccionamos la herramienta y hacemos clic en la superficie lateral de la carretera. Después seleccionamos la parte gris del límite y pulsamos la tecla "D" de nuestro teclado.

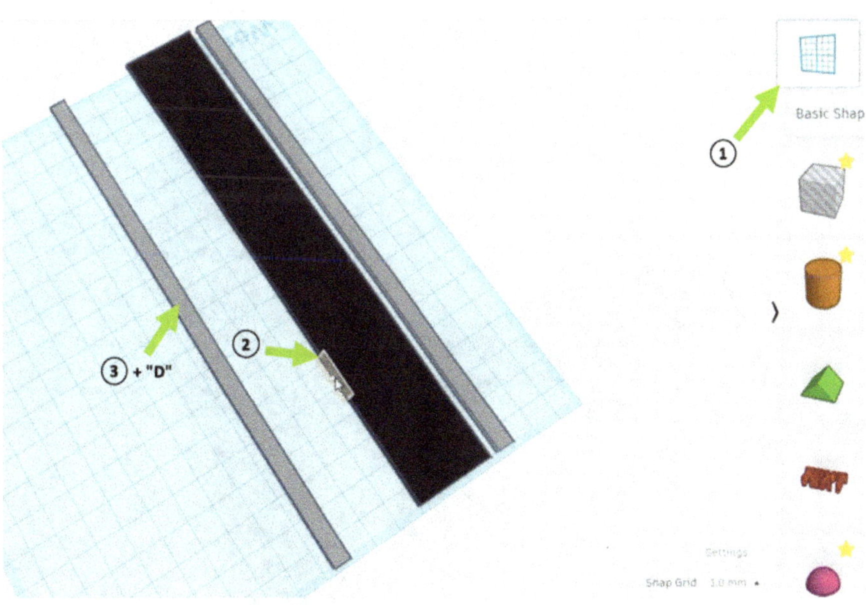

Hacemos lo mismo para el lado opuesto. Primero haz clic en el comando "Workplane Tool", luego selecciona la superficie lateral de la carretera y a continuación selecciona la parte delimitadora restante y pulsa el botón "D".

A continuación, duplicamos la carretera, es decir, la parte negra, la giramos 90 grados y la acortamos a 150 mm para poder crear la intersección deseada.

Luego acortamos la tira de borde gris a 100 mm para poder conectar la parte girada con la otra carretera.

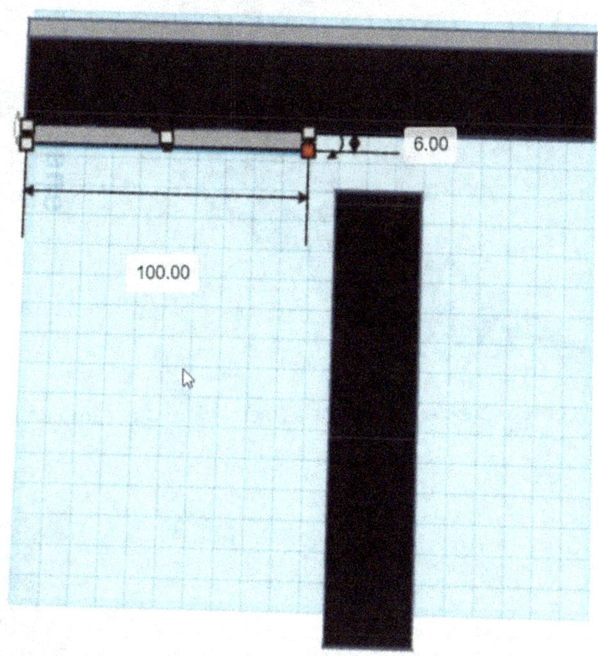

Para ello utilizamos el comando "Workplane Tool" y lo utilizamos como de costumbre para que la intersección se cree como se muestra.

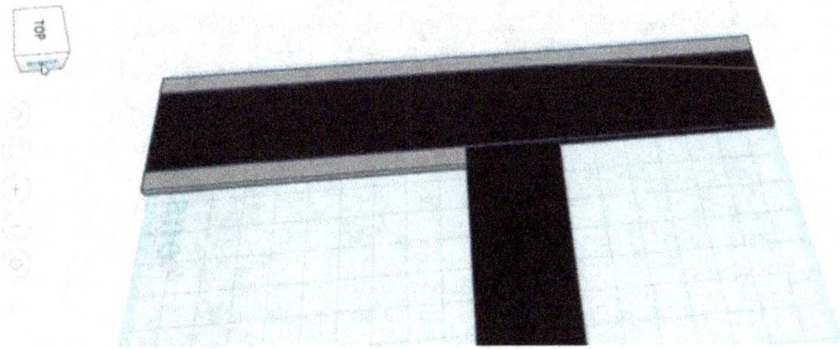

A continuación, duplicamos la pieza límite acortada y la movemos al otro lado. A continuación, cambiamos su longitud a 70 mm y la posicionamos con el comando "Workplane Tool" para que quede en el lugar indicado.

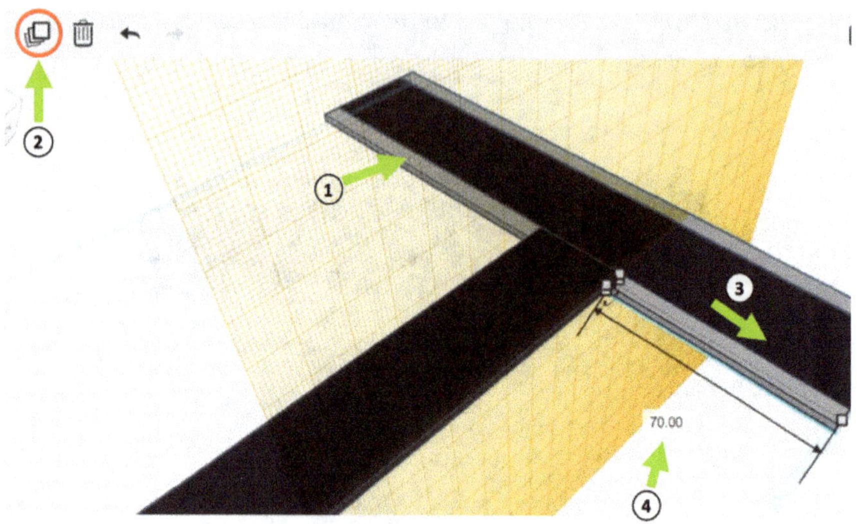

El camino adyacente sigue siendo demasiado corto, así que cambiamos la longitud a 164 mm.

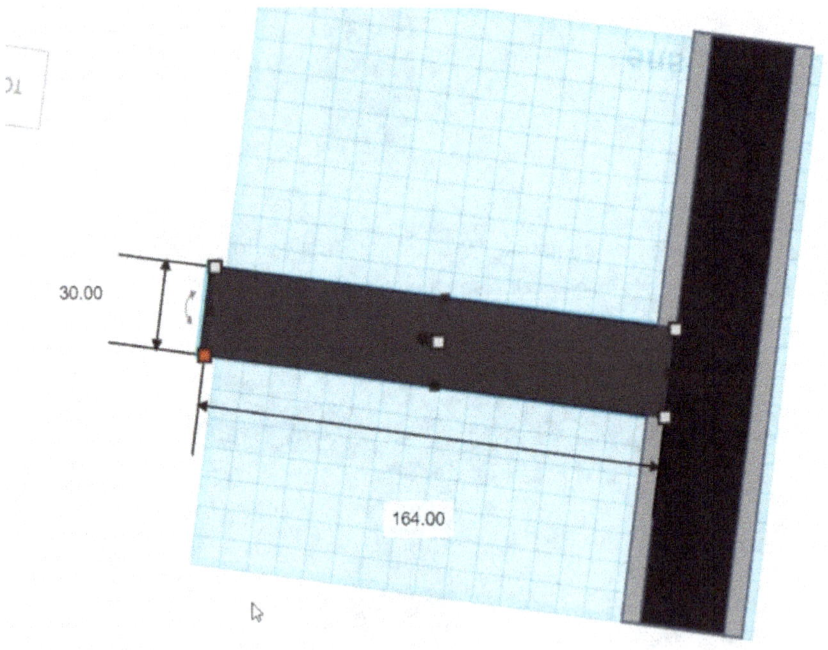

A continuación, necesitamos de nuevo dos tiras de borde gris. No dudes en intentarlo por tu cuenta, seguro que ya lo consigues.

Simplemente duplica la carretera y luego cambia la anchura y la forma, igual que hicimos con la primera parte. No tienes que ajustar necesariamente la longitud, las tiras grises del borde pueden solaparse.

A continuación, creamos rayas blancas para indicar la línea central de la carretera. Para ello, colocamos un elemento recortado "Box" encima de la carretera. La longitud de esta pieza debe ser de 21 mm, la anchura de 6 mm y la altura de 2 mm. Luego duplicamos esta pieza cinco veces y la movemos a una distancia regular para que quede como se muestra. Además, utilizamos la función "Align" para colocar las piezas en el centro de la carretera.

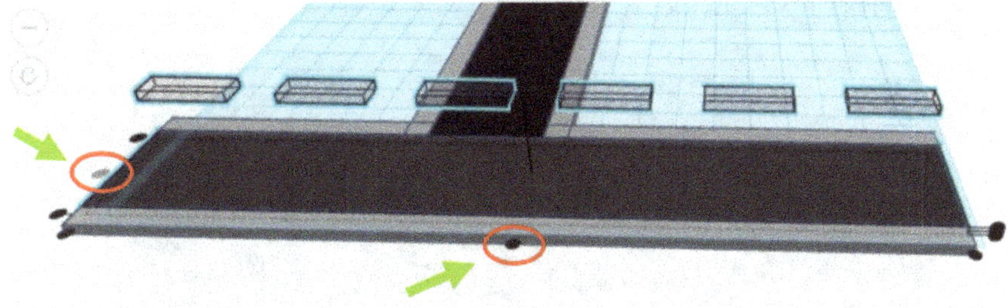

Después duplicamos estas partes y las movemos un poco hacia arriba. También cambiamos la forma al ajuste "Solid" y le damos un color blanco.

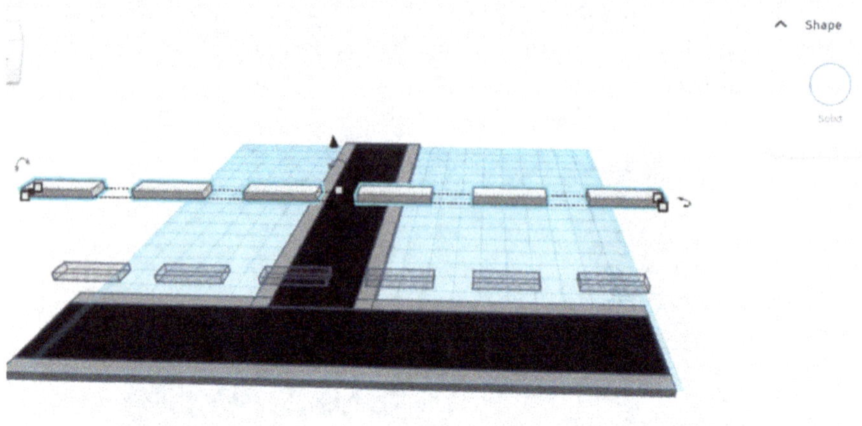

En el siguiente paso, colocamos los elementos de corte en el plano de trabajo seleccionando las piezas y pulsando la tecla "D". A continuación, agrupamos la calle con los elementos de corte para que se creen los huecos deseados.

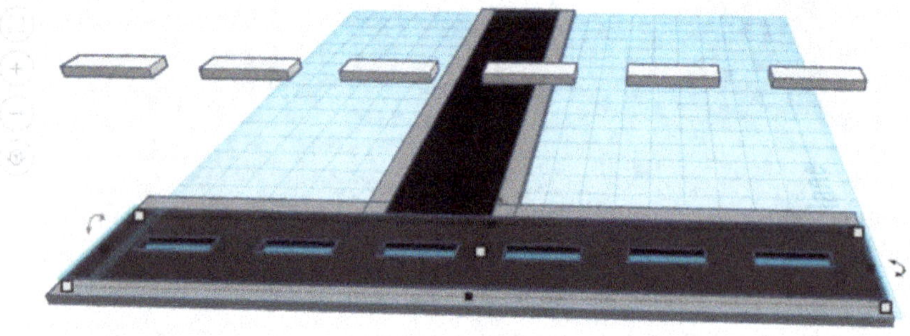

Después de seleccionar las rayas blancas, volvemos a hacer clic en el botón "D" para que estas piezas se coloquen también en el plano de trabajo y así obtener la línea central de la carretera.

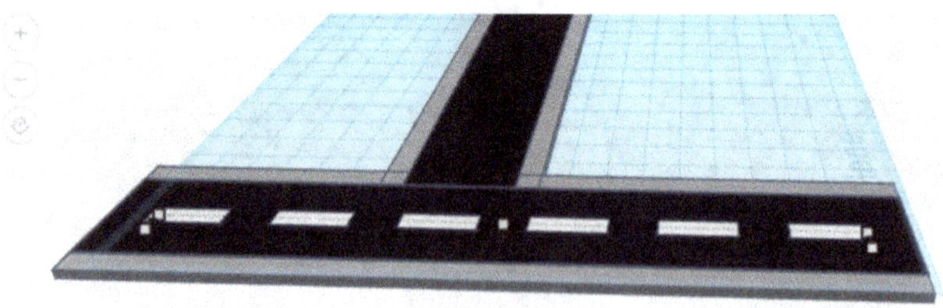

Como también necesitamos una línea central para la otra parte de la carretera, duplicamos la línea central, la movemos hacia arriba y la giramos 90 grados.

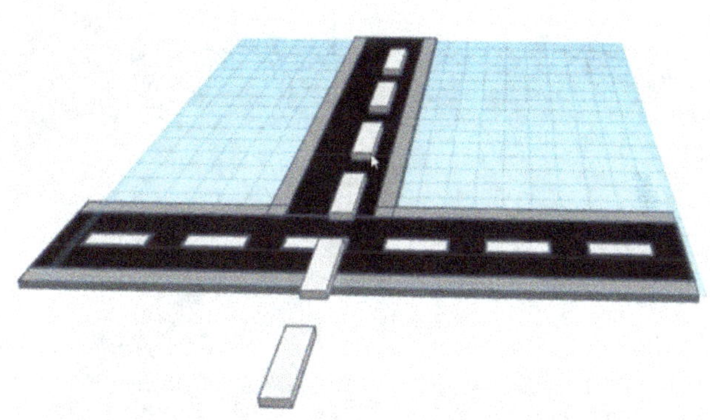

A continuación, eliminamos una de las piezas, ya que sólo necesitamos cinco elementos para el otro lado de la calle y cambiamos las formas a la configuración "Hole", ya que también necesitamos una sección en este lado primero. Además, corregimos la posición con la función "Align" y un clic en los puntos de alineación mostrados, para que las piezas se asienten en el centro de la calle.

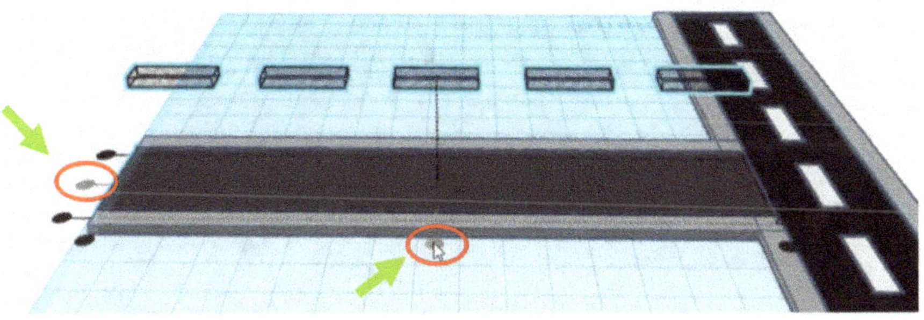

Luego hacemos los mismos pasos que antes. Primero duplicamos las piezas, cambiamos la forma a "Solid" y el color a blanco. Después colocamos primero los elementos de corte y finalmente también los elementos blancos en nuestro plano de trabajo pulsando el botón "D" en cada caso. Por supuesto, también tenemos que agrupar las piezas adecuadamente entre estos pasos.

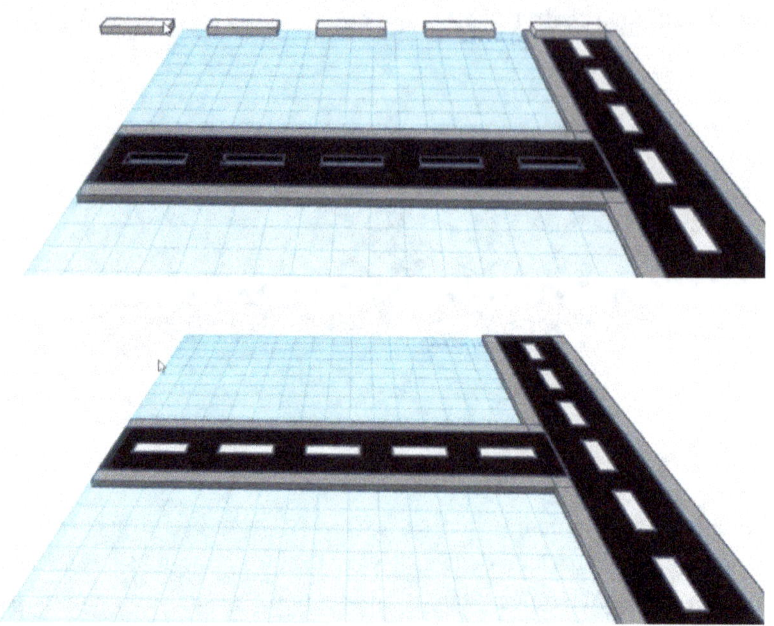

Por último, seleccionamos todas las piezas que hemos creado hasta ahora y las agrupamos. Después tenemos que volver a marcar la casilla "Multicolor" en los ajustes de la pieza. Entonces podremos colocar la intersección centrada en el plano de trabajo.

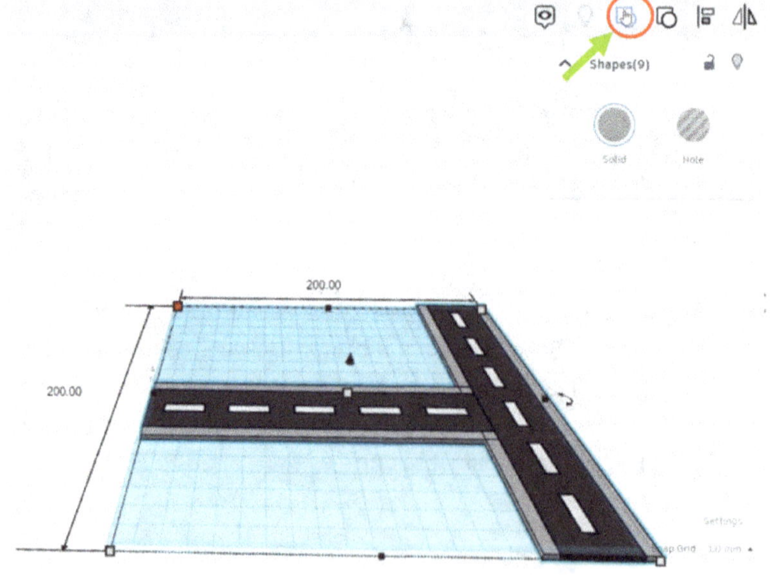

Luego nos ocupamos de la creación del espacio verde. Empezamos por el área más pequeña. Para esta zona creamos una pieza cuboide de 64 mm de ancho, 158 mm de largo y 2 mm de alto con el elemento "Box". Posicionamos esta pieza -como de costumbre- con la ayuda del comando "Workplane Tool" y la selección de las superficies laterales correspondientes. Para el color de la pieza elegimos, por ejemplo, un tono claro de verde.

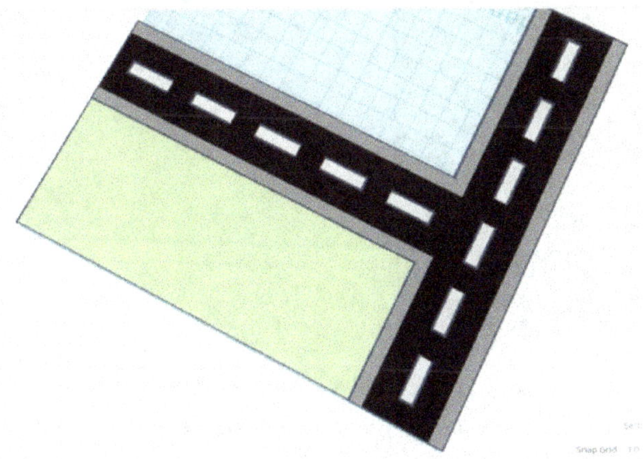

Para el otro lado, simplemente duplicamos la pieza que acabamos de crear y la movemos. Para asegurarnos de que queda correctamente adyacente a la carretera, volvemos a utilizar el comando "Workplane Tool" y el botón "D" para el posicionamiento final. También tenemos que cambiar la anchura, por ejemplo a 93 mm.

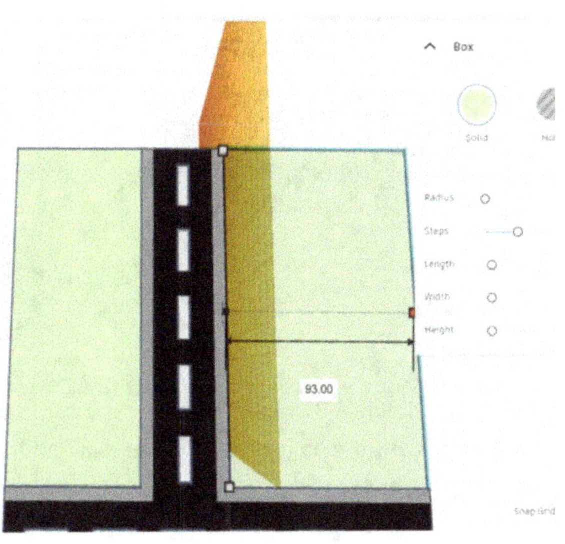

Si quieres, puedes cambiar el color a un tono de verde ligeramente más fuerte.

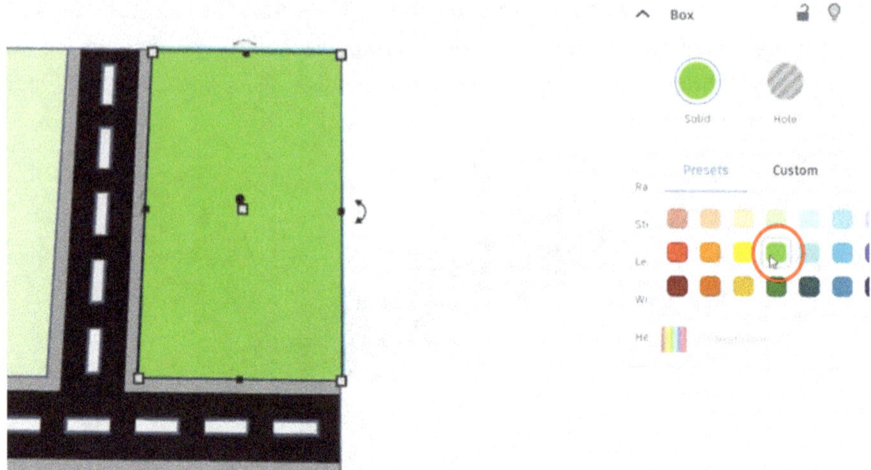

A continuación creamos la piscina. Lo hacemos de nuevo con un elemento "Box", al que damos una altura de 5 mm, una longitud de 110 mm y una anchura de 42 mm. También tiramos de la pieza hacia arriba 1 mm para que haya una pequeña distancia hasta el plano de trabajo. Tenemos que hacer esto para que la piscina no sea visible al mirar la parte inferior de todo el modelo.

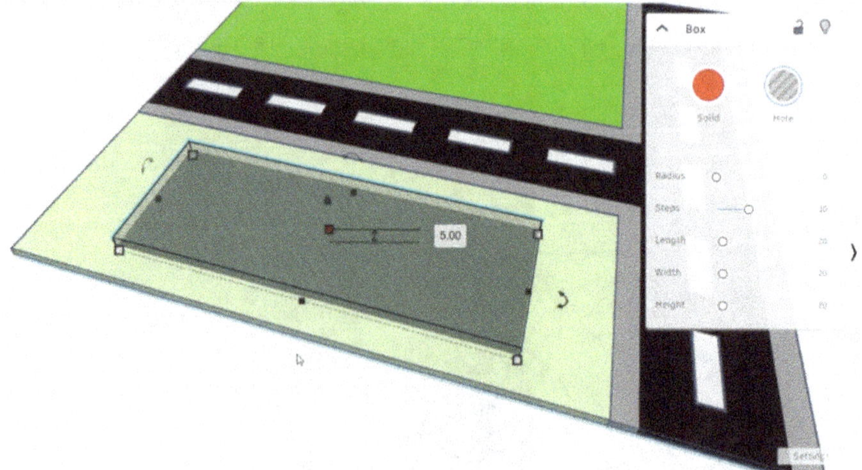

Después de asignar un radio de 3,333 mm, podemos colocar la pieza centrada en la superficie verde. Lo hacemos -como de costumbre- con la función "Align" y los puntos de alineación mostrados.

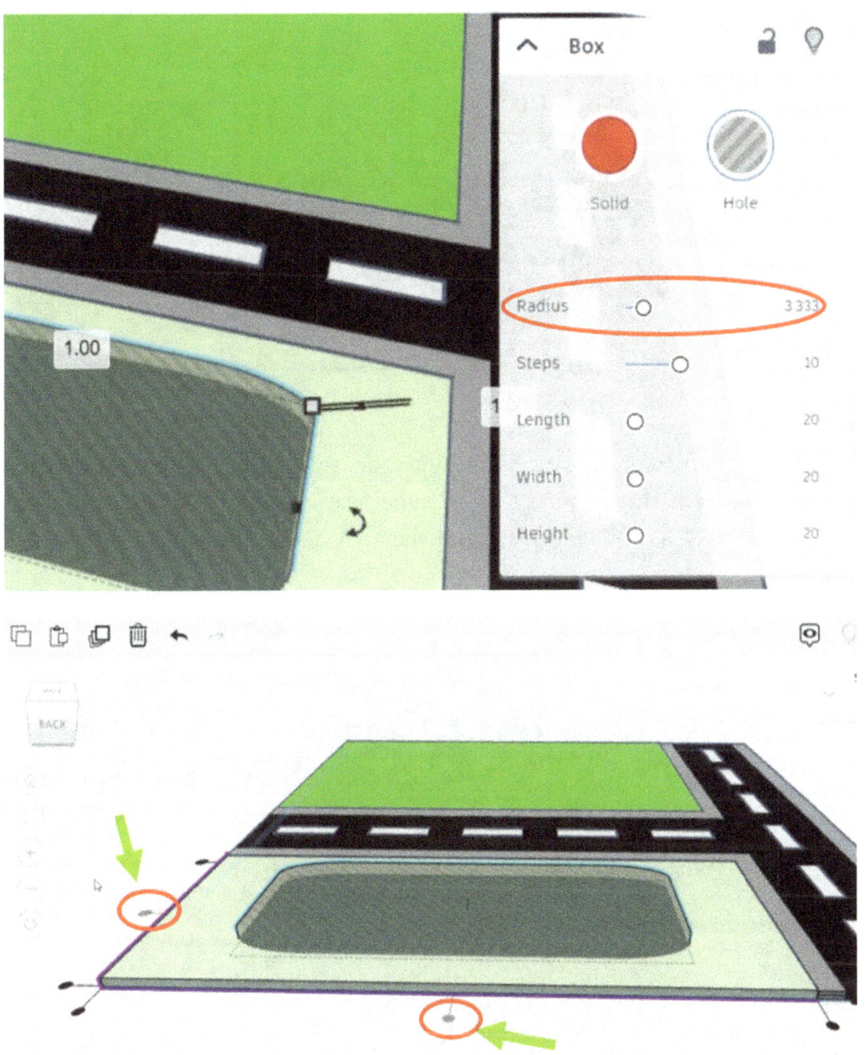

A continuación, procedemos de forma similar con las líneas centrales de los dos tramos de calle. Primero duplicamos la parte creada y la movemos un poco hacia arriba. Luego agrupamos la pieza original con la zona verde para que se cree una sección.

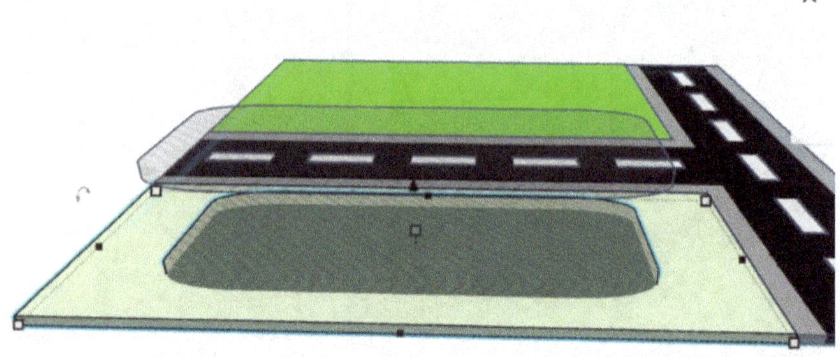

A continuación, colocamos la pieza duplicada anteriormente con el comando "Workplane Tool" haciendo clic en la superficie inferior de la sección creada anteriormente y, a continuación, seleccionando la pieza y pulsando el botón "D".

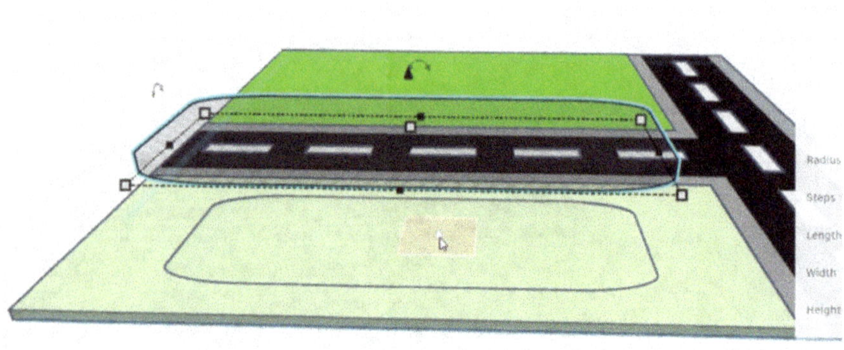

También cambiamos la pieza a un sólido azul claro (ajuste: "Solid") y reducimos la altura a 1 mm para que quede plana con la superficie verde.

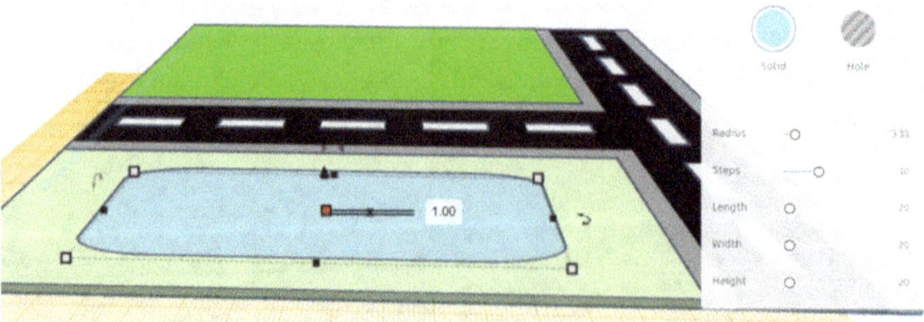

Ahora podemos crear la casa y el garaje adyacente a ella. Para ello, colocamos un elemento "Box" en el espacio verde opuesto. La casa debe medir, por ejemplo, 46 mm de largo, 35 mm de ancho y 21 mm de alto. Además, redondeamos un poco las esquinas estableciendo un radio de aproximadamente 1,7 mm en los ajustes.

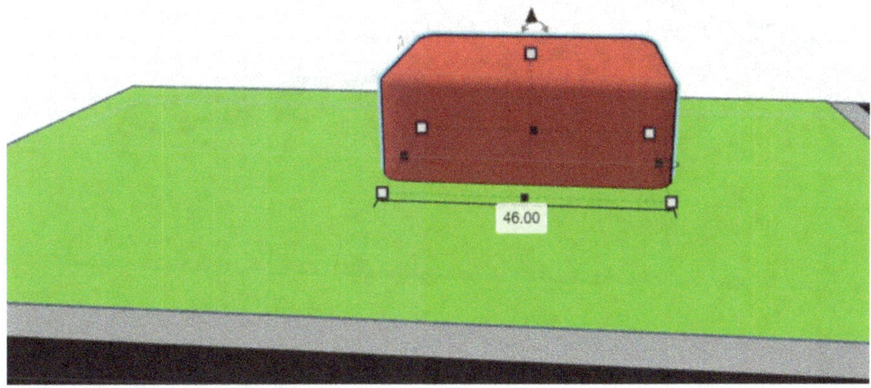

Para el garaje, duplicamos la pieza creada y la movemos a la posición deseada. Si es necesario, también puedes alinearla con la casa utilizando el comando "Align". Cambiamos las dimensiones, por ejemplo, a 15 mm para la altura, 30 mm para la longitud y 27 mm para la anchura.

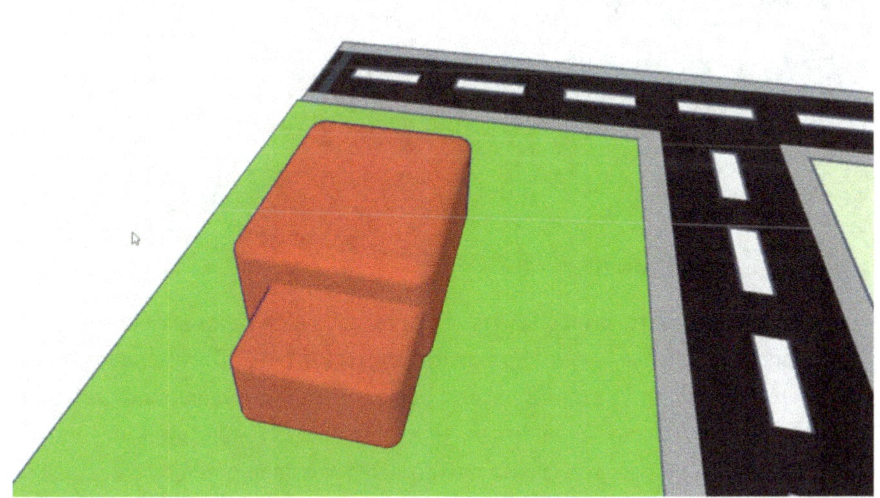

También podemos cambiar el color de la casa y del garaje.

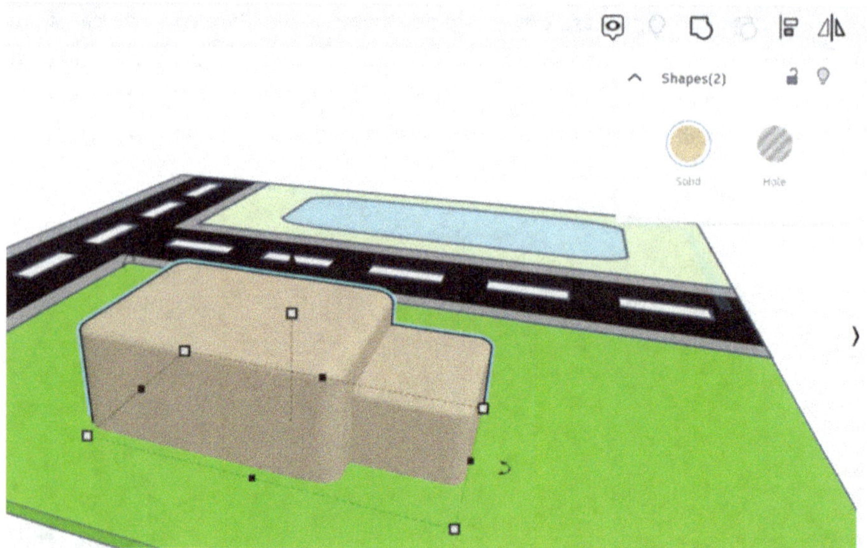

Para el tejado, insertamos otros dos elementos cuboides, que luego coloreamos de marrón. Oriéntate con las dimensiones de la casa y el garaje. Utiliza el comando "Workplane Tool" para el posicionamiento.

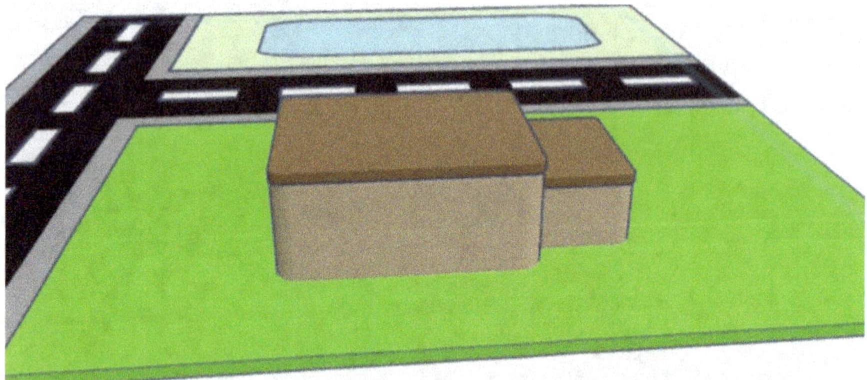

Luego creamos la puerta principal y las ventanas con ayuda de los elementos "Box", que colocamos en la parte delantera de los edificios -frente a la casa de la piscina- . Pero probablemente ya puedas hacerlo por tu cuenta. También puedes elegir el tamaño, el color y la colocación de cada una de las piezas según tu gusto. También puedes cambiar el tamaño de la casa si te parece demasiado pequeña o demasiado grande. Sólo tienes que jugar con las dimensiones y las posiciones hasta que te quede bien. El resultado podría ser así, por ejemplo.

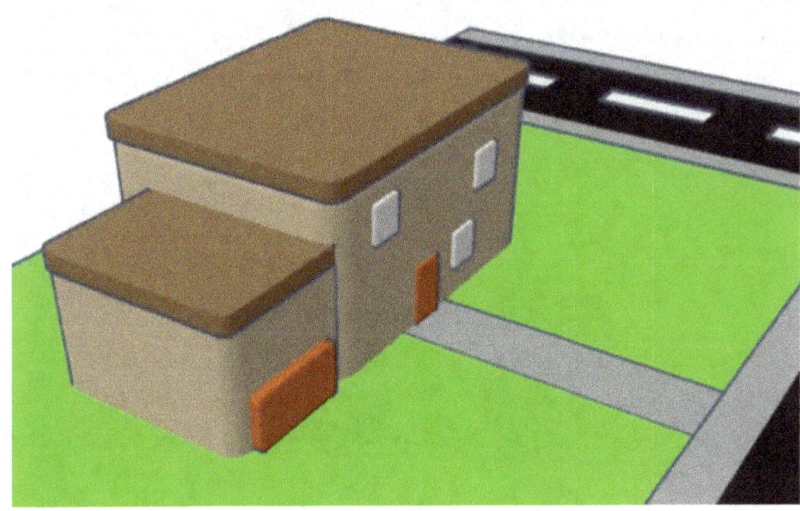

Te habrás dado cuenta de que en este paso también he creado una pasarela hacia la casa. Puedes simplemente colocar otro elemento "Box" y modificarlo para que quede como se muestra.

Por último, nos gustaría plantar -o mejor dicho- colocar unos cuantos árboles. Podemos construirlos nosotros mismos o buscar en la biblioteca de "Tinkercad" el término de búsqueda "tree" y seleccionar uno de los árboles mostrados.

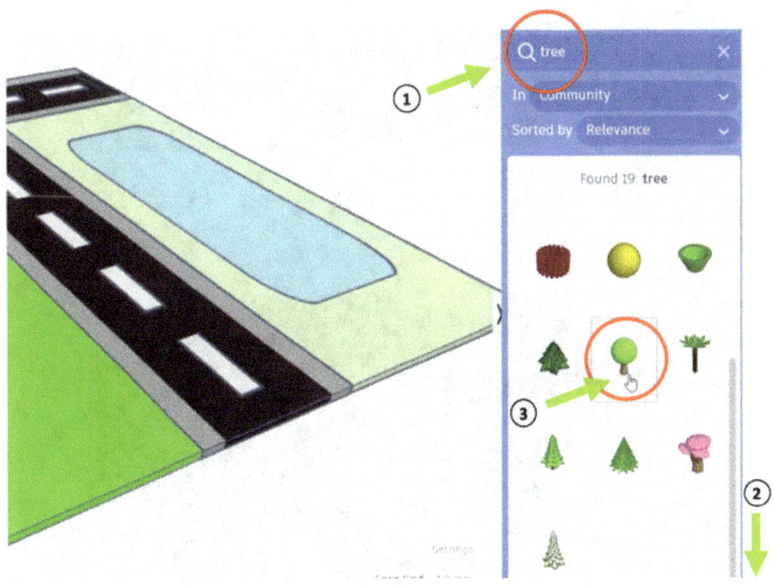

Ahora puedes duplicar este árbol tantas veces como quieras. También puedes elegir libremente el tamaño y la posición de los árboles. Para ello, utiliza -como de costumbre- las funciones "Workplane Tool", "Duplicate and repeat" y "Align". Los pasos individuales podrían tener, por ejemplo, el siguiente aspecto.

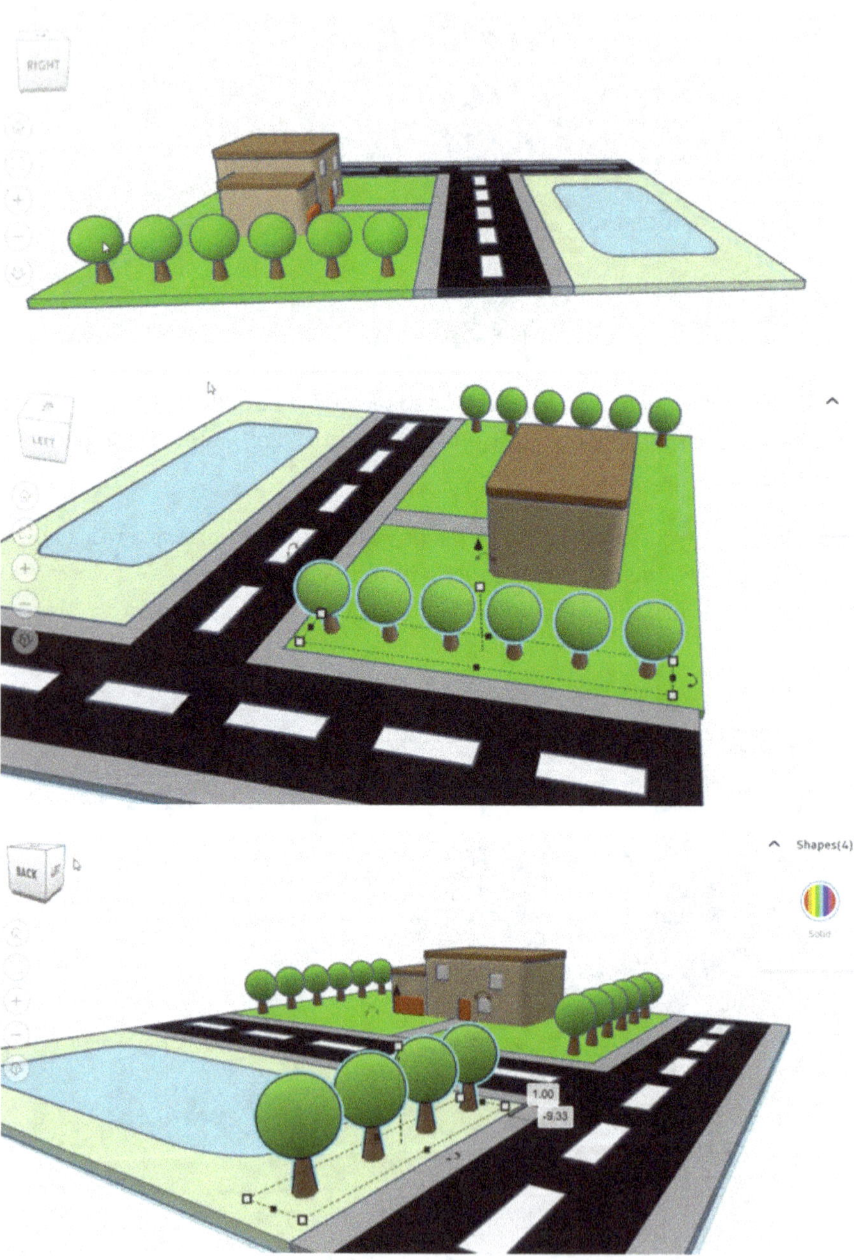

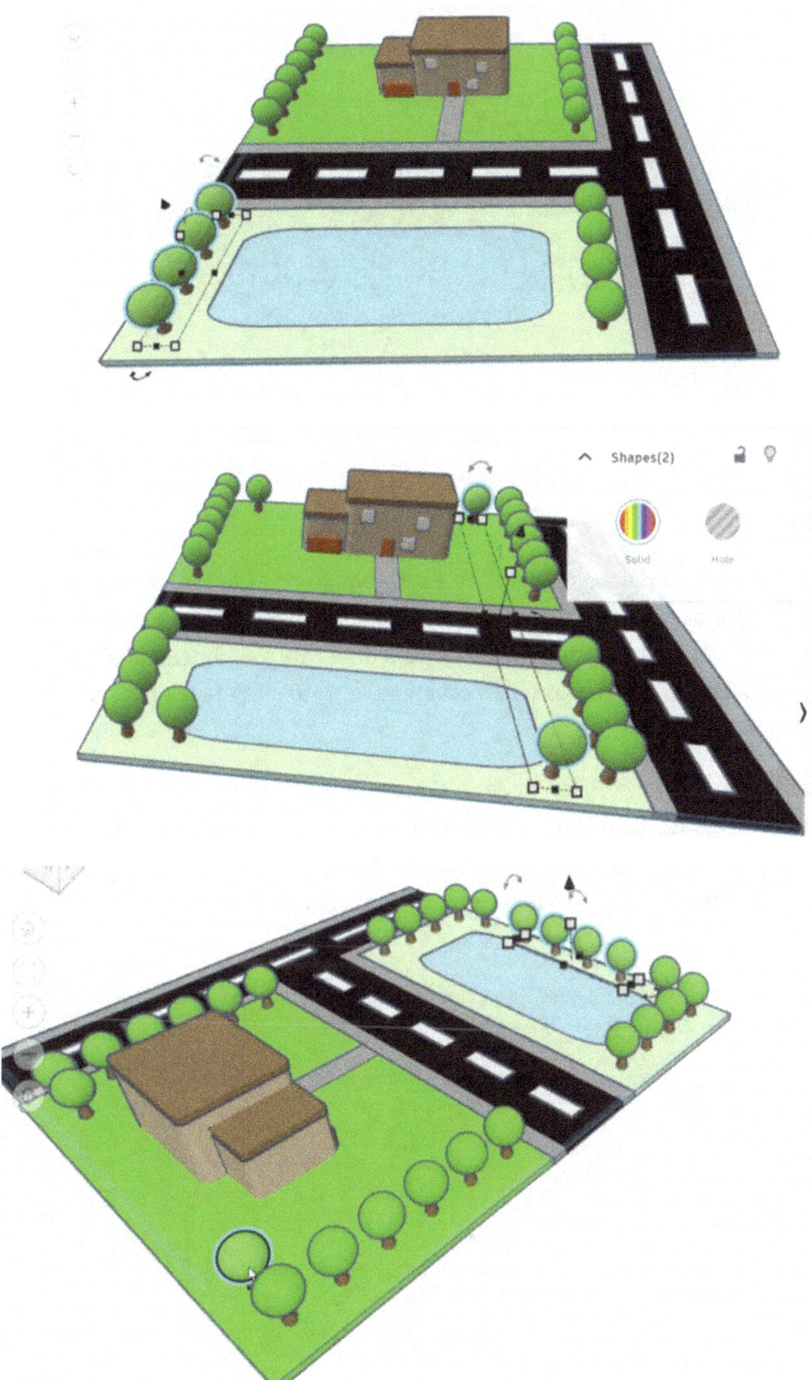

¡Perfecto! Ahora hemos creado un hermoso paisajito con casa, jardín, camino, piscina y árboles.

Como habrás observado, los pasos de este ejemplo no eran tan detallados como en los proyectos anteriores. Esto te ayuda a confiar más en tus propias capacidades y a aplicar lo que has aprendido hasta ahora de forma más independiente. El uso de los respectivos elementos y herramientas se trató en detalle en los proyectos anteriores.

Sin embargo, tampoco pasa nada si sigues teniendo dificultades para crear el modelo. Si es así, lo mejor es que repases el libro por segunda vez desde el principio. Si no has tenido ningún problema, puedes esperar la segunda parte del curso con aún más proyectos para recrear o incluso crear tus propios diseños.

Palabras finales

¡Excelente! Lo has conseguido, has superado el curso. ¡Es un logro excelente!

Juntos hemos construido cuatro grandes objetos en este curso, hemos aprendido nuevas funciones y hemos profundizado en funciones básicas. ¡Así que hemos conseguido bastante! ¡Puedes estar justificadamente orgulloso de ti mismo si has llegado hasta esta lección! ¡Enhorabuena!

El objetivo de este libro era ayudarte a mejorar tus habilidades CAD en "Tinkercad" recreando paso a paso grandes modelos 3D. Espero que este libro haya logrado su objetivo y te haya ayudado mucho.

Probablemente habrá pronto una segunda parte de esta primera parte, que tendrá una estructura similar y tratará de otros objetos de construcción moderadamente difíciles y también muy complejos. Te invito a que eches un vistazo de vez en cuando a mi página de autor en "Amazon" para mantenerte al día.

Importante: Si te ha gustado este libro, ¡me alegraría mucho que me dejaras una puntuación y un breve comentario y que recomendaras el libro a otras personas! **¡Muchas gracias!**

Y si además quieres experimentar tus objetos de construcción en 3D real, no dudes en echar un vistazo a la impresión 3D. Es muy divertido y tiene muchas ventajas cuando puedes materializar tus propias construcciones. Mi libro para principiantes "Impresión 3D | Instrucciones paso a paso" te ayudará.

Si la construcción en "Tinkercad" te resulta demasiado fácil, también puedes trabajar con "FreeCAD" o "Fusion 360". Estos programas son casi equivalentes a los programas CAD profesionales que utilizan los ingenieros y técnicos. También he escrito libros sobre estos programas.

Por supuesto, también puedes ocuparte primero de las otras áreas, es decir, de la electrónica y la programación en "Tinkercad", para ello te recomiendo el libro básico "Tinkercad | Paso a Paso" y después el libro "Proyectos Arduino con Tinkercad".

Sólo tienes que echar un vistazo a las páginas siguientes, donde encontrarás un resumen de todos los libros mencionados.

Libros sobre temas que también podrían gustarle

Todos los libros están disponibles en línea en las plataformas de venta habituales. Sólo tiene que buscar el título o visitar mi página de autor. Es posible que algunos de los libros aún no se hayan publicado y estén disponibles en breve. Eche un vistazo a los libros de su elección y lléveselos a casa como libros electrónicos o de bolsillo.

Impresión en 3D:

CAD, FEM, CAM (creación de objetos 3D, diseño, simulación):

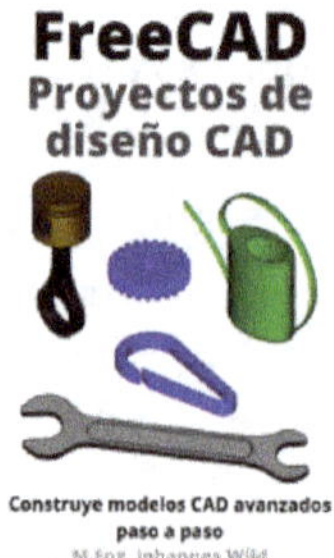

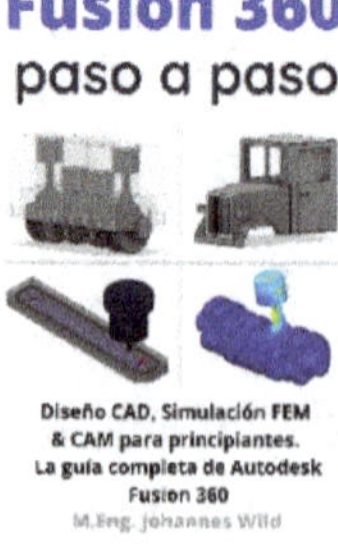
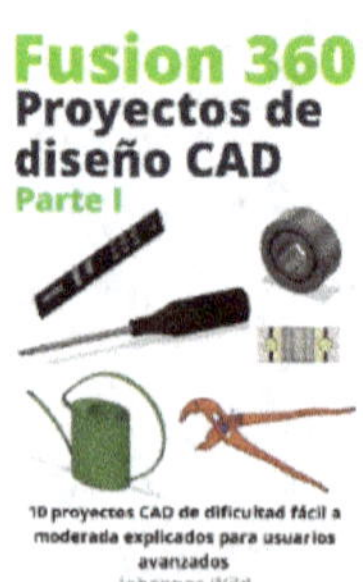

Ingeniería eléctrica:

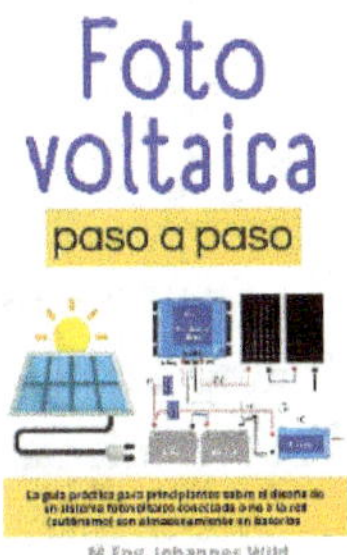

Programación y otros programas:

Información sobre el autor / editor

© 2023

Johannes Wild
c/o RA Matutis
Berliner Straße 57
14467 Potsdam
Germany

E-Mail: 3dtech@gmx.de

Esta obra está protegida por los derechos de autor